「自己肯定感」の高め方

世界が変わる!

「自分に厳しい人」ほど自分を傷つける

オールイズワン代表
心理カウンセラー
石原加受子
Kazuko Ishihara

ぱる出版

はじめに

私が今の仕事に携わるようになって30年ほどになりますが、多くの人たちに接する度に「なんて、自分に厳しいのだろう」と慨嘆《がいたん》せずにはいられません。

客観的にみて、自分に厳しい人は、幸せになっていくどころか、5年経っても、10年経っても、20年経ってもやっぱり、自分に厳しい生き方をしているでしょう。

「つらくても、我慢してやり続けるべきだ」

「物事を達成するには、我慢と忍耐が重要だ」

「最初にやり始めたことは、最後までやり遂げるべきだ」

「最初に決めたことは、最後まで守り通さなければならない」

こんなふうに思っていないでしょうか。

しかし自分にこんな厳しい条件を課していれば、もしそれが達成できないとき、自分に対して、どんな言葉を投げ掛けるでしょうか。

あなたは、普段から、「そんなことではダメだ」と責めたり、「もっと頑張れ」

と叱咤《しった》したりしていませんか。

あるいは、自分を否定したり、拒否したり、バカにしたり、乱暴な言葉で罵《のの》しったり、たりしていないでしょうか。

もしそうだとしたら、あなたは、非常に「自分に厳しい人」だと言えるでしょう。

もしかしたら、多くの人たちが、こんなふうにつらくても我慢して頑張っていけば、「自信がつく」と思い込んでいるのかもしれません。

けれども果たして、そうでしょうか。

むしろ、それは反対です。そうやって自分に対して厳しい要求を突きつけていけばいくほど、自己評価は下がり、自信をなくしていきます。

なぜなら、自分に厳しい人は、「できた」ところよりも、「できていない」ところのほうに注目するからです。どんなに努力しても頑張っても、自分ができていないところに注目すれば、ネガティブな気分になります。

ネガティブな実感のままに思考すれば、その思考もネガティブなものになります。そんなネガティブな思考によって、不安や焦りや恐れが生じれば、ネガティブな実感は増大するばかりでしょう。

言い換えればその実感は、「自己否定感」です。

だから、自分に厳しい人ほど「自己否定感」が増大して、自信をなくしていくのは当たり前なのです。

ではどうしたら、「自信」をとりもどすことができるのでしょうか。どうしたら、「自己肯定感」を増やしていくことができるのでしょうか。

その方法は簡単です。

一言で言うなら、「自分の心に寄り添う」ことです。

そして、「自分の気持ちや感情や欲求」を満たしてあげることを優先することです。

自分に厳しい条件を課せば、絶えず自分を責め続けることになるでしょう。けれども、「自分の気持ちや感情や欲求」を満たしてあげれば、その都度、満足感で満たされます。

「私は、こうしたいから、できてよかった（満足……）」

「私は、これをしたくないから、やめよう。やめてよかった（満足……）」

というふうに、ポジティブな気分に満たされる分量が、どんどん増えていくでしょう。

このポジティブな気分のその実感が、つまり「自己肯定感」です。
決して難しいことではありません。日頃から、自信をもてずに悩んでいる人が、本書によって、もっと自分の心に寄り添えるきっかけを得られればと、心から願っています。

石原加受子

「自己肯定感」の高め方
～「自分に厳しい人」ほど自分を傷つける～

contents

★誰かのために
犠牲になっていませんか？
★「こんなに我慢してるのに」と
思っていませんか？
★自分の「欲求」を満たす選択を
していますか？
★相手に遣った言葉で
自分も傷ついていませんか？
★「こうでなければ」という考え方を
今すぐ捨てよう！

第1章

「自分に厳しい人」は幸せになれない？
★誰かのために犠牲になっていませんか？

第2章

「自分に厳しい人」ほど自分を傷つけている

★「こんなに我慢してるのに」と思っていませんか?

第3章

自分を許し、自分の心に寄り添う

★自分の「欲求」を満たす選択をしていますか？

第4章

他者の言い分より、自分の「感情」を大切にする

★相手に遣った言葉で自分も傷ついていませんか？

第5章

自分を好きになれる簡単な「自己肯定」方法

★「こうでなければ」という考え方を今すぐ捨てよう！

カバーデザイン▶EBranch 冨澤 崇
本文レイアウト▶Bird's Eye

第1章

「自分に厳しい人」は幸せになれない？

★誰かのために犠牲になっていませんか？

自分に厳しくしてしまうのはなぜ？

自分に厳しい人、他人に厳しい人

もしかしたら、大半の人たちが、自分自身が「自分に厳しい」人間であることに気づいていないかもしれません。

たとえば、職場の会議や、人が集まるさまざまな公的な場で、自分の意見をはっきり述べることができないで悩んでいる人がいます。

こうした人たちは、発言する前に、

「自分の意見にみんなが、どう反応するだろうか」
「質問の内容が幼稚だと、馬鹿にされないだろうか」
「的外れなことを言ってしまって、笑われるのではないだろうか」
「自分が言ったことを否定されたり、攻撃されたりするのではないだろうか」

などと考えてしまう傾向があります。これでは、言いたい気持ちよりも、周囲の反応を恐れる気持ちのほうが勝って、口を噤《つぐ》んでしまうでしょう。

かと思えば、相手の発言内容に過剰に反応して、口を噤むどころか、感情的になって一方的に反論したり、怒鳴って言い返したりする人もいます。

一見この両者は、自分に厳しいこととは何の関連もないように思われるかもしれませんが、実はそうではありません。

その奥には、

「全ての状況を的確に把握して、誰からも突っ込まれないよう理論武装をしていなければならない」

「どんな相手に対しても完璧に論破できるようになっていなければならない」

といった強い思い込みが潜んでいる可能性があります。

そもそもこんな発想をしてしまうこと自体が、自分のミスを許せなかったり、いつも完璧でなければいけないなどと、自分に対して厳しい条件を突きつけているると言えるのです。

このように、自分に対して「こうあるべきだ」と強制していれば、他者に対しても「そうあるべきだ」と厳しく要求したり、不足点を厳しく糾弾したりしたくなっていくでしょう。あるいは、相手が自分と同じ条件下でなければ「不公平だ」

とばかりに、相手の言動を俎上《そじょう》に挙げて徹底的に糾弾したくなるでしょう。

自分に厳しい要求を突きつけている人は、相手も「そうしないと許せない」という気持ちになりがちです。

そうやって、自分に厳しい人たちほど、他者にも厳しい要求を突きつけ、互いに、厳しく束縛し合うことになってしまうのです。

不安をかき立てられる時代

今の時代、世界情勢は大きく動いていて、私たちの生活圏にも不安定要素が数多く見受けられます。

ネット社会が猛スピードで拡大し、さまざまな情報が氾濫していますが、自分のためになる情報を探そうとしても、玉石混交《ぎょくせきこんこう》で何を信じていいか判断に迷います。真贋《しんがん》を確かめようにも、新しい情報が入ってくるペースがあまりにも早くて、検証が追いつかないような状況です。

こんな社会の中にあって、生活面でも経済面でも、不安や閉塞感を覚える人も多いのではないでしょうか。将来のことを考えると、生活や収入が安定している

人であっても、

「このまま、今の仕事をやっていけるだろうか」

「会社が倒産したりしないだろうか」

「リストラされないだろうか」

そんな否定的な思考が頭をよぎることもあるでしょう。

また、中高年になると老後の生活資金や健康面が心配になって、

「もっと貯金をしておかなくては」

「いったい、いくらあったら安心なんだろうか」

「蓄えが尽きてしまったらどうしよう」

「大病を患ったら、どうしよう」

「治療や手術にどれくらいお金がかかるんだろうか」

などと、未来の不安を先取りして、頭を悩ます人も少なくないでしょう。

こうした不安を煽るように、テレビやインターネットや雑誌では、事故やケガや病気になったときに備えて保険をすすめるコマーシャルを多く目にします。

一見、安心のための準備のように見えても、

「仕事がなくなったら、もう、収入が途絶えてしまいますよ」

「働けなくなっても、誰も助けてはくれませんよ」

「寝たきりになったら、誰も面倒を見てくれませんよ」

と言われているようで、ますます不安な気持ちをかき立てられます。

このように、

「早いうちに、手を打っておかないと、間に合いませんよ」

というような情報を絶えず目にし、耳にしていると、

「あなたの仕事はなくなるかもしれませんよ」

「あなたの会社が倒産するかもしれませんよ」

「将来あなたは病気になるかもしれませんよ」

「将来あなたは認知症になるかもしれませんよ」

などと、不安や恐怖をインプットされているようなものです。

10年後のあなたは幸せですか?

「備えあれば憂《うれ》いなし」ということわざがありますが、今の社会は、備えても備えても安心が間に合わないほど「憂い」が次から次へと増産されているような時

代と言えます。

実際に、今、あなたが、

「自分の未来はどんなふうになると予測しますか」

と尋ねられたら、10年後、20年後、30年後、どんな自分を想像するでしょうか。

「順調に出世して、収入も増えている」

「子どもたちも結婚して幸せな家庭を持っている」

「リタイア後も健康面の不安はなく、毎日快適に暮らしている」

こんなふうに「安心できる未来」を想像できるでしょうか。

おそらく、大半の人がこんな輝かしい未来ではなく、前記したような不安だらけの否定的な未来を想起するでしょう。

未来が良くなるか悪くなるかどうかなんてことはわかりようがないにもかかわらず、多くの人が未来を悲観的に考えてしまいます。

実は、こうした不安にあふれた時代状況が、「自分に厳しい人」を育む土壌になっていることは否定できないのです。

「自分に厳しい人」はこうしてつくられる

疲れて休むのはいけないこと？

30年近くセミナーやカウンセリングといった人間心理に関する業務に携わっていると、「自分に厳しい」人たちと話す機会が少なくありません。

「学校では、規律を乱してはならない」

「みんなが協力し合って、努力しなければならない」

「少々風邪気味ぐらいでは、会社を休んではいけない」

そんな人たちです。

テレビのコマーシャルなどを見ていると、疲れていたり、体調が悪かったりするときには、十分に休息をとるよりも、

「○○を飲んで、仕事を最後までやり遂げよう！」

と言わんばかりに栄養剤や健康飲料水やサプリメントをすすめています。

こうした発想そのものを否定しているわけではありませんが、私（筆者）は、体の芯から疲れているときも、休むよりは「これで乗り切ろう」と考えることは、自分に厳しく接し、まるで「休むのはいけないこと」のように思い込んでしまうことに一役買っているような気がしてならないのです。

ルールや習慣に縛られる子どもたち

この問題を考えていく前に、今の子どもたちを取り巻く環境に目を向けてみることにしましょう。

一般的には、私たちが最初に所属する社会的コミュニティーと言えるのは家族で、それに次いで保育所や幼稚園です。

私が仕事をしている街でも、保育所の子どもたちが保育士の先生たちに連れられて散歩している光景が見られます。

そのように先生からしつけられているのでしょうか、いきなり走り出したり騒いだりする子は、ひとりもいません。最初は、そういう子がいたのかもしれませんが、みんなおとなしく大人の言うことを聞いて規律を守っているように見えます。

私は、このような光景に小さな違和感を覚えてしまうのです。親たちが仕事をするために子どもを安全な場所に預けるのは必要なことなので、その是非を問いたいわけではありません。

子どもたちが、たとえばゼロ歳児から預けられたとしたら、何を学習していくかということに焦点を当て、私の「違和感」について話をしたいと思います。


共働きをしている一般的な家庭の朝の光景です。

親は仕事に出かけます。

その前に、親のどちらかが、子どもを保育所に連れて行かなければなりません。

子どもは、朝起きるときも、食事のときも、親が望むとおりには動いてくれません。それでも、出かける時間が決まっているので、子どもたちを急《せ》かすことになります。

「ほら、早く着替えてちょうだい。もう、時間がないからッ！」

「食べないんだったら、明日からご飯作ってあげないからね！」

といった脅し文句も言いたくなるでしょう。

子どもがぐずっていても泣いていても、とにかく、時間どおりに動いてくれないと、親は困ってしまいます。

子どもが保育所に着きました。

ここでは、遊ぶ時間も食事の時間も、お昼寝の時間も全部決められています。小学校に上がっても、同じ規律で動くことになるので、集団生活で「秩序を守る」ことは、重要事項の一つとなります。保育所や幼稚園ではそんな小学校以降の規律を守るための前レッスンとなるものでしょう。

けれども、もし、ゼロ歳児のときから預けているとしたら、その子は、もしかしたら「自由」がない中で、自由というものを体験しないまま成長するかもしれません。自由がまったくないというわけではありませんが、それは強く制限された自由です。

そこには、登園の時間、学習の時間、遊ぶ時間、食事の時間、お昼寝の時間、帰宅の時間といった、基本的な決まり事があります。

子どもらは、全員、それに合わせて同じことをしなければなりません。それができなければ、できるように求められます。その際に親や先生に叱る気持ちがなかったとしても、子どもたちは叱られたという印象を抱くかもしれません。

子どもたちは次第に、体調や状況に関係なく、いつもどおりのルールやいつもどおりの習慣に従うのが当たり前と考えるようになり、自分に厳しい大人に育っていったとしても不思議ではありません。

こんな教育が自分に厳しい大人をつくる

たとえば、子どもたちが積み木遊びをしているとき、ある子どもは、積み木を平面的に広く並べていました。もしかしたら、公園や町並みを作ろうとしていたのかもしれません。

積み木で家や町並みを作ろうとする遊びは、想像力を育てます。建物、空き地、道路などの関係性を考えることは、想像力だけでなく、他者の立場になってものを考える能力を養うことにもなるでしょう。

他のある子どもは積み木をどれだけ高く積めるかに挑戦していました。積み木を高く積み上げる遊びは、物の重心や摩擦などを理解する下地を整えてくれることでしょう。また、いろんな積み方を試みて物の形や長さや重さを身体感覚として把握することは、運動能力の向上にもつながるはずです。

そのとき親や先生から、

「へえ、すごいねえ。よくそんな積み方を見つけ出したねえ。素晴らしいね」

などとほめられれば、子どもの知的好奇心はさらに高まるでしょう。

けれども、もし、

「この積み木セットはお城を作るためのものだから、説明書に書いてあるとおりのお城を作りなさいよ」

などと注文をつけたとしたら、子どもの知的好奇心は一気にしぼんでしまうことでしょう。それだけでなく、

「みんなの真似をしていないと、叱られる」

「自分で考えるより、何をすべきか大人に聞いて、顔色をうかがっているほうがラクだ」

と学習することにもつながります。このような学習を続けていけば、やがて、他人から指示されたとおりにしか行動できない大人に育っていくでしょう。

さらに、

「みんなはお城を作っているのに、なんであなたはそうしないの？」

とみんなの前で自分だけ叱られたりすると、子どもはやがて、他者と自分を比

較して、「人に合わせられない自分」や「人と同じことをしたくない自分」を、劣っている自分とみなしていくかもしれません。

こんなふうにして、「人と同じことをしたくなくても、しなければならない。それができなければ劣っている」というような価値観を自分の生き方の基準にすれば、自分自身に対して、どんどん厳しくするしかなくなっていきます。

そして、それができなければ、自己否定し、自分を責めたり罪悪感を覚えたりするようになるのです。

規律を守っておとなしくお散歩する保育所の子どもたちを見て抱いた私の違和感の正体をわかっていただけたでしょうか。

私は、これから育っていく子どもたちの将来をただ憂えているわけではありません。すでに、そうやって育ってきた私たち大人が親になったとき、なんら疑問を抱かずに「周囲に合わせる」「人と同じことをする」という価値観を自分の子どもたちに繰り返し刷り込んでいるということが、まさに今、起こっていることであると言いたいのです。

社会に順応できるのが正しいこと？

周りに合わせられない人は社会人失格？

家や学校で、親や先生に「周りに合わせて行動しなさい」と言われ続ければ、人や周囲の目を必要以上に気にするようになったり、「期待に応えなければならない」という意識が過剰に強くなったりしていきます。自分の周囲の価値観を、守らなければいけない社会の規範や常識だと思い込み、「周囲に合わせなければならない。常識には従わなければならない」となっていくでしょう。多くの人たちが、無意識のうちに「社会適応」という言葉を、このような意味で理解しています。

それが幼い頃からであれば、周囲に合わせ、従う生き方に疑問すら抱かないようになっているかもしれません。

「みんなが、そう言っているから」

「周囲が、やっていることだから」

「これが、常識だから」

「みんなができていることだから」

「社会で要求されていることだから」

「これが一般常識だから」

だから、自分もやらなければならない。できなければならない。そして、そんな考え方が高じれば、

「これができなければ、社会人失格だ」

などと思うようになっていくのではないでしょうか。

現代人の不安と焦りの原因

社会適応という言葉には、「社会のあり方が正しい」という捉え方が前提として隠れています。こうした捉え方の延長線上に出てくるのが、「〜すべきだ」「〜しなければならない」という考え方です。

「〜しなければ」を目的として、これが絶対条件になっていれば、達成できなかっ

たとき、

「達成できない自分は、ダメだ」

となるのは必至です。また、感情の面では、

「まだ、できない」

「なかなかできない」

という思考に囚われて、焦りや不安が生まれるでしょう。

「また、できなかった」

そんな経験が重なれば、自信をなくして落ち込むことになるでしょう。

現代人の意識は、この「～しなければならない」という考えに知らず知らずのうちに染まり、縛られています。現代人が絶えず不安や焦りにつきまとわれているのは、ここに原因があるといってもいいのです。

何をやっても満足できない

「社会に合わせる」ことが適応だとしたら、社会に「合わない人」「合わせたくない人」「合わせられない人」は、社会不適応者ということになります。

「～しなければならない」という考えに縛られている人は、絶えず自分を社会適応の尺度で評価しようとします。たとえば、70点が合格点、80、90点ならよくできた、１００点であればみんなが認めてくれた、といった評価の仕方です。

でも、「～しなければならない」という考えに縛られている自分に厳しい人は、70点をとっても、それぐらいできて当たり前だとなり、もし、70点を達成できなければ、70点以上を絶対目標にして、

「まだ、足りない！　まだできてない！」

と、他人と比較しながら自分を厳しく叱咤することになるでしょう。

80点、90点をとれば、ひとまずは安心、１００点をとれば、なおさら安心、と言いたいところですが、満点をとったとしても、「満足」という気分にはならないでしょう。なぜなら、社会適応で１００点をとることは、あなたが〝心から望んだもの〟ではないからです。

それは最初から「～しなければならない」という束縛からスタートしています。自分の気持ちや感情や欲求を無視して、最初から押し付けられた気分で目標を決めています。しかも、その目標が義務であるような気分になっていて、

「目標を、達成しなければならない」

という意識から始まっています。

だから、目標を達成したとしても、「やっと達成できた」という安堵感はあったとしても、心から「やったあ！　達成できた！」というような、すっきりとした満足感を味わうことはできないのです。

また、仮に100点とったとしても、周囲の期待に応えるために、

「これから、ずっと100点をとらなければならない」

と考えたら、それだけで強いストレスが生まれるでしょう。

こんなふうに、外側に自分の価値基準を求めれば、最初から、自分の欲求や感情を無視して、自分を抑えることになります。たとえその人が何かに秀でたものを持っていたとしても、それが周囲の期待から外れていれば、それだけで価値のないものとして自分の中で抑え込まれてしまうので、まったく活用することができなくなってしまうでしょう。

そうやって、外側の基準に沿って自分を強制や義務で縛れば、何をやるにも「つらい」と感じるようになります。さらに、その基準値を自分がクリアーできなければ、〝自動的に〟自分を責めたり、期待に応えられなければ罪悪感を覚えるというふうに、不必要に厳しい生き方を、自ら選択することになるのです。

自分の欲求や感情に重きを置く生き方

外側に基準を設けるから自分に厳しくなる

自分が好きなことに励んで素晴らしい好成績を挙げることができれば、周りの人も祝福してくれるでしょう。努力した甲斐あって、望むものを達成できたのですから、自分にとっても無上の喜びとなるでしょう。

この場合は、

「自分の好きなことに熱中し、それに没頭していたら、好成績を残せた」

「自分の望むものを目指し、日々、精進していたら、達成できた」

というふうに、まず「自分ありき」でスタートしています。この場合は、結果に至るプロセスを大事にしています。

それは、最初から外側の基準に合わせて結果を求めるという考え方とは、まったく違うものです。

つまり、最初から、

「仲良くしなければならない」

「好成績を残さなければならない」

「自分の望みを達成しなければならない」

というように、「結果が先」にあったわけではありません。

逆に、外側に基準を設けて、「～しなければいけない」という意識でいる限り、どんどん自分に厳しい要求を突きつけていくことになるでしょう。外側にもさまざまな意見があるはずですが、その中から、「～しなければいけない」という自分の意識に合った意見を自分自身でピックアップしてしまうからです。

先にも述べたように、私たちは幼い頃から、

「周囲と調和しなければならない」

「人の期待に応えなければならない」

「○○を達成しなければならない」

と教え込まれて育ちます。

確かに、職場や家族で〝みんなが仲良く、楽しく協力し合える〟というのは理想です。しかし、「～しなければならない」という意識に縛られている限り、い

くら頑張っても真の満足や達成感は得られないでしょう。

「他者中心」から「自分中心」へ

自分の気持ちや感覚よりも外側の基準を重視してしまう考え方を、筆者が唱えている「自分中心心理学」では「他者中心」と呼んでいます。

これは自分の意識を常に外側に向けて、他者や社会の価値観を自分の基準にして生きる生き方です。そのために、絶えず他者の目を気にしたり、他者の顔色をうかがったり、社会の動きを気にしたりしながら生きることになります。

私たちが社会生活を営む上で、約束事やルール、契約や規約、常識や規範といったものがあるのは、私たちの生活を守るため、生活をスムーズに送るためというのが、本来のあるべき姿です。

けれども、たとえば学校で、無条件に「みんなと仲良くしなければならない」を規則にしてしまえば、生徒同士でトラブルが起きたとき、正当な理由があって「NO！」を言いたくても、「仲良くしなければならないから、我慢しなければならない」となってしまうでしょう。

規則が先にくれば、

「けんかしたら、ダメじゃないかッ。いつも、仲良くしろと言っているだろうッ！」

で終わってしまうでしょう。

このような「他者中心」とは逆に、自分を基準にして、自分の気持ちや欲求や感情を大事にする生き方があります。これを自分中心心理学では「自分中心」と呼んでいます。自分の生きる基準を、他者よりも自分に置く考え方です。

たとえば、生徒間で問題が生じたとき、当事者の生徒たちが自分中心であれば、互いに尊重し合えるので、

「それぞれの気持ちを言って、話し合って解決していこう」

と思えるでしょう。自分の気持ちのほうに焦点が当たれば、

「相手に仕返ししよう。相手を操作しよう。相手を屈服させよう」

といった戦う意識よりも、それぞれが自分の心に寄り添って、率直に自分の思いや気持ちを言うことができるでしょう。

先生が介入した場合でも、その先生が自分中心の考え方を持っていれば、余計な情報や不適切な規範に惑わされることなく、生徒の立場になって、できる限り生徒たちの心に寄り添って、

「当事者同士がしっかりと向き合い、互いを尊重し合うために、そしてできれば理解し合うために、話し合う」

というアプローチをするでしょう。

間違っても、解決を急ぐあまりに、生徒の口を封じるようなことはしません。むしろ、生徒同士が話し合って心のわだかまりを解放する、そのための「時間そのものを大事にしよう」という選択ができるでしょう。

生徒同士が和解し合う、仲良くなるというのは、こんなプロセスを経た結果としてあるのです。

このように、他者を気にするのではなく、「自分の心に寄り添う。自分の心を大事にする」生き方を、自分中心と呼んでいます。

この自分中心の基本にあるのは、「自由意思」と「選択の自由」です。

もちろんこの場合の自由は、

「その選択の結果の責任も自分にある」

という意味での自由です。

「自分に厳しく」を求める社会

適応できないからダメ人間か

社会に適応し順応するように強くしつけられる子どもは少なくありません。家庭で、学校で、子どもによってはゼロ歳児から保育所に〝出勤〟して、そのようなしつけを受けている場合もあります。ですが、一般に言う「社会」と実際の社会とはズレていることが多いのです。そして、その「社会」は、ともすれば周囲の都合に大きく左右されます。

幼い頃から周囲の都合に合わすことに慣らされると、子どもの心にどのような影響を及ぼすでしょうか。自分の自由な意思を抑え込んでいるのですから、無理矢理、周囲の都合や社会の型に自分を合わせるのは「嫌だ、苦しい」と感じるのは、至極もっともなことだと言えるでしょう。それに順応できない子は、自分を「悪い子」だと認識するかもしれません。

もしあなたが、どうしても学校に行きたくない、会社に行きたくない状態になっているとしたら、あなたは、そんな自分を、どういうふうに認識しているでしょうか。

「社会に適応できない自分はダメだ」

でしょうか。それとも、

「私は、もっと自由に生きたい」

と、そんな欲求を抱く自分を認めることができているでしょうか。

あるいは、

「もっと自由な生き方を目指すぞ」

となっているでしょうか。

今の自分を否定する意識で生きるか、今の自分を肯定する意識で生きるのかでは、まったく違った未来となっていきます。

それは、自分が今、「自由」を、実感しているかどうかで決まるのです。

会社を休む自由を味わう

「社会を基準にして生きなければならない」と考えている人ほど、どんなに気持ちがつらくても、体調が悪くても会社に「行かなければならない」と、自分に号令をかけるでしょう。風邪で高熱が出て朦朧《もうろう》としていても、休むことすらできないほど、自分に厳しい人もいます。

ではもしあなたが、仮に学校や会社を休んでいる状態にあるとしたら、あなたはそれを、どのように受け止めているでしょうか。

「行かなければならないのに、行けない」

と思考してはいないでしょうか。それとも、

「行きたくないから、行かない」

と、自分の自由を認めているでしょうか。

もしあなたが、そんな自由を認めているとしたら、

「私は、こんな自由を満喫できて、幸せだなあ」

と心から感じることができるでしょう。

「こんな寒い日に、外に出ないで済んで、なんて幸せなんだろう」

「こんなに朝寝坊できて、なんて幸せなんだろう」

などと、自由を手に入れている自分に気づき、満足感や幸福感を味わうことが

できるでしょう。

もしそうでないとしたら、あなたに必要なのは、自分が〝すでに自由を手に入れている〟ことに気づき、それを実感し、そして、そんな時間に感謝することなのかもしれません。

自由が怖い他者中心の人

こんなふうに、実際に自由であるときも、その自由を肯定できない人が少なくありません。それくらい、自分を厳しく扱うことが当たり前になってしまっているのです。

肯定できないだけでなく、自由でありたいと思う自分を責めてしまう人も少なくありません。それだけ、周囲の都合や社会の基準に無条件に従って、自分に厳しくすることが普通になってしまっているのです。

そんな状態にすっかり慣れてしまっている他者中心の人たちは、その不自由さに疑問を抱くどころか、反対に、自分の判断で自由に行動することに恐れを抱くようになっていくでしょう。

なぜなら、他者中心の人は判断の基準を持たないため、自分で考えて決めることを自体が難しいからです。

それでいて、周囲の都合や周囲の目を気にし過ぎるため、行動の責任を過剰に重く捉えてしまい、責任をとることを恐れるようになりがちです。その結果、皮肉なことに、責任を重く捉えているのに、言動はどんどん無責任になっていくのです。

他者中心の人は、自分中心の人のように、

「自分の欲求や願いを満たすために決めることができて、ほんとうに良かった」

「自分の気持ちや感情に適った選択ができて、大満足だ」

といったポジティブな気分にはなれません。

そして、社会の基準や周囲の期待に従う生活から一歩でも外れると、それだけで恐怖を抱くようになってしまいます。

実際に、カウンセリングをしていても、

「自由にしていいと言われると、何をしていいかわからずに怖くなってしまう」

「ひとりでいることが心細くて怖いので、常に誰かにいて欲しい」

「自分で考えるのは面倒くさい。黙って人に従っていたほうが楽だ」

という人たちが、確実に増えているように感じられるのです。

誰かのために犠牲になっていませんか

今の社会のあり方に、疑問を感じている人も少なくないでしょう。

「なんでもかんでも周りに合わせなきゃいけないなんて息苦しい」

「会社（家族、グループ）の利益のために自分の生活を犠牲にしなきゃいけないなんて、おかしい」

確かに、「自由」という観点から捉えれば、社会のあり方のほうが不適切であったり、理不尽であったりする場合も多いに違いありません。

「自己犠牲」と言えば聞こえは良いかもしれません。が、誰かがあなたにそれを求めているとしたら、それはもはや「自己犠牲」ではなく、「あなたを犠牲にして誰かが利益を得ている」だけです。

他人に対して「犠牲になれ」と言う人に限って、「他人に求めていることを自分は全然していない」のはよくある話です。

「私の上司は、私以上に頑張っているから、それは違います」

と言いたくなる人もいるかもしれません。でもそれは、その上司も他の誰かのために犠牲になっているということかもしれません。

「私が犠牲を払っているんだから、あなたも犠牲を払うべきだ」という理不尽な命令や要求であっても、「仕事だから」「周りのためだから」「組織のためだから」「家族のためだから」といった大義名分がつくと、正しい要求のように思えてしまいがちです。

犠牲を払うのはその人の問題であって、自分が犠牲になっているからといって、他の人にも同じように犠牲を払うことを命じる権利など誰にもありません。

「私は誰かにやらされているわけじゃありません。上司から命じられた仕事を引き受けたのも、サービス残業をしているのも、自分の意思で引き受けたんだから、やり遂げなきゃいけないんです」

と考えている人もいるでしょう。でも、ほんとうにそうでしょうか。

仕事を引き受けるように、上司から言外の圧力を感じたりしませんでしたか？

あるいは、何か余計に犠牲を払わないと、自分の居場所がなくなるような不安感を覚えたりしていませんでしたか？

自分で「暗い未来」をつくるのはやめよう

あなたが生きづらい理由

ほんとうに心から「誰かのために頑張りたい」というのであれば、それはもちろん悪いことではありません。そうした気持ちが湧き起こるのも不自然なことではないからです。

しかし、もしあなたが現在の状態に順応しようとしながらも、少しでも生きづらさを覚えているとしたら、それは、あなたがその現在の状態を心から望んでいるわけではないということです。

少しぐらいならしようがないと思うかもしれませんが、多くの人は自分の気持ちに気づきにくくなるような〝学習〟をさせられてしまっています。それは家族からであったり、友人からであったり、学校からであったり、職場からであったりします。

「周囲に合わせなければならない」

「苦しくても我慢しなければならない」

「おかしいと思っても、上司が白といったら黒も白」

といった、あなたに犠牲を求める声にさらされ、それを学習した結果、自分の行動規範になってしまっているのです。少しでも生きづらさを感じたり、生き方に違和感を覚えたりしたら、そこに潜んでいるのは、些細なこととして見過ごせないほど大きな問題である可能性が高いのです。

情報に振り回されることの恐ろしさ

私たちは、無数の情報の中で育ちます。家族から、友人から、学校から、職場から、テレビから、新聞から、インターネットから、さまざまなルートを通じて、さまざまな情報が私たちのもとへ届きます。

でも、それらの情報が全て正しいとは限りません。自分の状況にそぐわないことも少なくありません。知り合いからの情報だとしても、そもそも、その人は、あなたのことをどれだけ理解しているのでしょうか。

もしかしたら、あなたの存在すら知らない人たちからの情報かもしれません。仮にあなたを知っているとしても、あなたをどれだけ理解しているでしょうか。ましてや、あなたとあなたの周囲の人間関係を含む複雑な事情を理解している可能性が、どれだけあると言えるでしょうか。

つまり、極端な言い方をすれば、私たちは、私たちのことを理解していない人の発信する情報に囲まれて暮らしているのです。

他者中心的な人はその情報に左右されながら生きることになります。その人が他者中心であればあるほど、頭の中の思い込みと現実とのギャップは大きくなるでしょう。

「外からの情報をいっさい受け取るな」などと言っているわけではありません。もちろん、その中には正しい情報、有益な情報もたくさんあるでしょう。しかし、その情報を元にしてつくり上げた生き方が、もしあなたにとって苦しいものであるのなら、その情報と生き方は、あなたに合っていないのではないだろうかと疑ってみるほうが適切なのではないでしょうか。

将来への不安を一瞬で打ち消す言葉

これまでにも何度か述べたとおり、未来は良くなるのか悪くなるのか、決まってなんかいません。にもかかわらず、もしあなたが未来を、どうしても否定的に予測して不安や焦りに駆られているとしたら、それはあなたが他者中心的になって、外からの情報に惑わされている可能性を考えて欲しいと思わずにはいられません。

そんなときは、

「こんな発想は間違っている。未来は決まってなんかいない。この不安が正当だと思ってしまうのは間違っている」

「これって、偏った見方なんだ」

といった言葉を自分に投げかけてみることです。

言葉には、良くも悪くも気持ちを左右する力があります。

自分を肯定してあげたいときは肯定的な言葉を、冷静になって状況を客観視したいときは疑問を投げかけるような言葉を、頭の中で呟《つぶや》いてみると意外なほどに効果があります。

自分ひとりしかいないなら、実際に声に出して言ってみると、その効果をもっと実感しやすいでしょう。

逆に、自分を傷つけるような言葉を頭の中で繰り返していると、ほんとうに心は傷ついてしまいます。そのときは平気でも、気づかないところであなたの心を疲れさせてしまっているでしょう。

繰り返しになりますが、私たちはさまざまな情報に囲まれて暮らしています。中には、あなたを都合よく利用しようとして無責任なことを言う人もいるでしょう。そういう人は、あなたに、もっと自分を犠牲にするように求めてくることでしょう。「それが社会の常識だ」「みんな、していることなんだ」と。他者中心的な人ほどそんな有害な情報に左右されてしまいます。

そうやって私たちは、知らず知らずのうちに「自分に厳しい」仕打ちをしてしまうように刷り込まれていくのです。そして、こんな「自分に対する不当な厳しさ」が、自分の人生そのものを厳しく、困難なものにしているのです。

自分に厳しくすると成長できる？

「自分に厳しくして何がいけないのか。自分に厳しくするからこそ人は成長するんだ」

と考える人がいます。

確かに、そういった面はあります。スポーツで、厳しい練習に耐えてきたからこそ上達できたり、仕事で頑張ったからこそ大きな成果を得られたり、といったことはあるでしょう。

ですが、人の体力や気力は無限ではありません。いくら上達したいから、成果を得たいからといって、無理をして頑張り続けていたら、そう遠くないうちに体か心のどちらか、あるいは両方を病んでしまい、かえって効率は悪化するでしょう。

どの世界でも、大成する人というのは、自分がどこまでできるのかをちゃんと見極め、そして適度に休んでいるものです。頑張っていいのか、休んだほうがいいのか、自分の心や体と向き合い、自分自身とよく相談して決めています。

もちろん、周囲との関係や仕事の状況などで必ずしも理想どおりとはいかないでしょうが、少なくとも行動の基準を他人《ひと》任せにしたりはしません。

ましてや、余計な仕事を押し付けられて断らないことが、どんな成長や利益につながるというのでしょうか。「頑張り過ぎることのデメリット」を上回るようなメリットが、果たしてあるのでしょうか。

もしかしたら、断らないほんとうの理由は、「自分を厳しく律したいから断らない」のではなく、争いになるのを恐れて「言うのが怖くて断れない」、あるいは「その後の処遇が怖いから断れない」のかもしれません。

もう一つ、無視できないのが、自分に厳し過ぎると、自分や自分の将来に対して否定的な考えをしてしまうようになるということです。

先に、言葉には気持ちを左右する力があると述べましたが、現在のあなたの気持ちはあなたの現在の行動を左右し、現在の行動は将来を大きく左右します。つまり、自分の頭の中で「否定的な未来」を強く意識するということは、自分でそんな将来の設計図を描いているのも同然なのです。

そろそろ、あなたも「自分に厳しくすることを求める」社会の理不尽に気づいて、「自分を厳しく扱ってしまう」人生を軌道修正する時期にきているのではないでしょうか。

第2章

「自分に厳しい人」ほど自分を傷つけている

★「こんなに我慢してるのに」と思っていませんか？

誰よりも自分が自分を傷つけている

言いたいこと、やりたいことを我慢してしまう

私たちが心に描く思いは、実に万華鏡のように変幻《へんげん》して、今何を思ったか、何を考えたか、１分前の記憶さえ、正確に再現できないほど次々と思いが生まれては消えていきます。

もちろんそれは、美しいことや建設的なこと、創造的なことばかりではありません。むしろ、今の社会においては、生きることに汲々としていて、つい否定的、悲観的、暴力的、破壊的なことを思考したり、言葉で呟いたりしている人が多いのではないでしょうか。

そんなさまざまな思いを心の中に抱えていながらも、それらを表に出すことを我慢しようとしてしまうのはなぜでしょうか。

それは、傷つくことを恐れているからです。

忙しい毎日に追われていると、「傷つくことを恐れている」と自覚するのはなかなか難しいかもしれません。

けれども、私たちは、自分が想像している以上に、傷つくことを恐れています。

「自分の思いをそのまま口にしたら、相手は自分のことをどう思うだろうか」

「したいことがあるけれども、周りは賛成してくれないのではないだろうか」

「こんなことをして、バカにされないだろうか」

「自分の意見や希望を言っても、相手に拒否されるのではないだろうか」

「こんなことを言うと、相手が怒り出すのではないだろうか」

笑われる、馬鹿にされる、侮られる、嘲笑《ちょうしょう》される、軽蔑される、否定される、拒否される、罵《ののし》られる、責められる、攻撃される、無視される、嫌われる、疎《うと》まれる、憎まれる――。

自分では自覚できないまま、そんな恐れを抱いています。

こんな恐れがあるために、自分の思いを抑えたり、自分のしたいことを我慢したりします。

嫌われることを恐れて、相手の言うことに黙って従ったりしています。

傷つくのを恐れて、断ることもできません。

批判されるのを恐れて、自分のしたいことができません。

けれどもそうやって、誰よりもひどい仕打ちをして自分を傷つけているのは、ほんとうは「自分自身」なのではないかと、考えたことはありませんか。

自分への厳しさが相手への怒りに

自分に厳しい人ほど、義務や強制で自分を縛っています。

「〜しなければならない」と自分を義務や強制で縛れば、自分は我慢するしかありません。社会に合わせようとすればなおのこと、我慢しようとするでしょう。

たとえば、

「こんな無残な結果になったのは、自分の努力が足りないからだ。もっと努力しなければならない」

「すぐ諦めるのは自分が弱いからだ。もっと強くならなければならない」

「逃げたくなってしまうなんて、情けない。もっと踏ん張って耐えなくてはならない」

などと、自分を追い詰めていくでしょう。

そうやって自分に厳しい人は、つらいときにさえ、自分に厳しい要求を突きつけていきます。

社会を基準にして、社会が求める規格品であろうとすればするほど、自分に厳しい要求をしていくだけでなく、そこに達しない自分を、まるで断罪するがごとくにどこまでも追い詰めたり、厳しく罰したりするしかなくなっていくのです。

もちろんそんな厳しさは、自分に対してだけではありません。

他者に対しても同じです。

社会の常識に照らし合わせれば、我慢することが、大人として賢明であるかのように思えるかもしれません。事を荒立てず穏便に済ませられるのが〝社会人〟としてのあるべき姿だと考えている人も多いでしょう。

でも、そんな〝賢明な大人〟や〝社会人〟になることを目指して我慢すればするほど、問題や悩みが増えていくだけです。

なぜ我慢をし続けると問題や悩みが増えてしまうと言えるのか。それは、人は永遠に我慢し続けることができないからです。

たとえば、理不尽な相手への怒りを我慢し続けて、頭の中だけで相手を責め続けたとしても、相手が自分の思うように変わってくれるはずがありません。つまり、いくら我慢し続けても、状況が良くなる可能性は高くないと言わざるを得ないのです。

そして、当たり前のことですが、我慢すればするほどストレスは溜まっていきます。他の何かでストレスを発散したり、時間が気持ちを癒してくれるのを待ったりすることもできるでしょうが、我慢する癖がついている人だと、得てしてそれらがストレスの溜まる早さに追いつきません。その結果、溜め込んできたストレスが臨界点に達して爆発してしまうことになります。

爆発の仕方はさまざまです。体調を崩したり、お酒がやめられなくなったり、職場に行くのがつらくてたまらなくなったり、現実逃避で思考停止したりするなど、細かく挙げていけばきりがないくらいあります。

とりわけ、いろいろな社会生活の場面で、人間関係の問題や個人的な悩みを抱えている人の多くがしてしまいがちな爆発の仕方は、「誰かを責めてしまう」ことです。

普段、落ち着いた状態で相手を責めるのとはわけが違います。限界まで我慢して爆発したのですから、相手を責める口調は一段と厳しいものになってしまうでしょう。「そこまで言うつもりはなかったのに、思わず言ってしまった」と大いに後悔することにもなりかねません。

それでは、我慢を強いられるような状況に陥っているとき、どうすれば、その状況を変えることができるのでしょうか。

私がこんなに我慢してるんだから、相手だって！

自分が変わったほうが早い

自分中心心理学では、

「相手を変えるよりも、自分が変わったほうが早い。自分が変われば、その結果として、相手も変わらざるを得なくなる」

という考え方をしています。

たとえば、あなたが、これまで家族のために自動車を運転して駅までの送り迎えを日課にしていたとしましょう。けれども朝夕の一番忙しい時間帯の送り迎えを続けるのは大変です。あなたは疲れ果てていますが、それを当然のように思って感謝もしない家族に苛立っています。

この状況を変えたいなら、運転を続けながら家族に愚痴や文句や嫌みを言うよりは、きっぱり送迎をやめる、これが自分中心心理学の考え方です。相手にもっと思いやりを持って欲しい、こちらの大変さを理解して欲しいなどと、相手が変わることを望むより、「自分が変わったほうが早い」のです。

家族なんだから、「送り迎えの大変さをきちんと説明すれば、もっといい解決法が見つかるのでは?」という考え方もあるでしょう。

でも、言葉というのは、実に曖昧なものです。私たちは、全ての物事に対して、それぞれに自分固有の捉え方、見方をしています。一つひとつの言葉に対してもそれは同じです。

しかし、固有の捉え方、見方というのは、目の前にある具体的なモノとは違って、これを取り出して相手に見せることはできません。そのため、お互いの捉え方、見方が、どこまで一致しているのかを確かめる作業は、得てして想像以上に困難で、手間と時間を必要とします。

たとえば、

「どんな家族を理想としていますか」

と尋ねれば、

「みんながそれぞれお互いに理解し合い、いたわり合い、助け合うような家族です」

といった模範的な返事がなされるかもしれません。

けれども現実はどうでしょうか。言葉の上では、家族のみんなが同じような理想を持っているはずなのに、実際は各自がバラバラに自分が描く理想を相手に押し付け合って、「争ってばかりいる家族」となっているかもしれません。

人によって物事の捉え方、見方は異なっていることを知らなければ、言葉の上では同じ理想を家族全員の目標にすることはできても、「実際には、どうしたらいいか、わからない」ということが起こってしまうのです。

「わかり合う」ことの難しさ

どうしてお互いに争ってしまうのか。

これはなかなか難しい問題です。日常的に争い合ってきた人ほど、その理由がわからないはずです。「自分が我慢しないから、争いになるんだ」などと間違った思い込みをしている人もいれば、反対に、「自分はいつも我慢しているのに、争いになる」と思い込んでいる人もいます。

人は、自分が経験した物事から学んでいきます。これは逆に言えば、自分が経験していないことは、学ぶことができないということです。

家庭の中で、日常的に「争い合う」場面が展開していれば、「争い合う」方法は体験的に知ることができます。

しかし、家庭の中で「わかり合う」場面を経験したことがなければ、「わかり合う」方法を学習することはできません。

ですから、どんなに「理想の家庭」のイメージを抱くことができたとしても、「わかり合う」方法を知らなければ、それを実現させるのは難しいでしょう。

それぐらい、学習の影響は大きいものなのです。物事の捉え方、見方が人によって異なるのも、学習の結果による部分が少なくありません。

実は、先に述べた「自分が変わる」という言葉の意味の捉え方も、人によって大きく異なってきますが、それもこうしたことが原因で起こります。

自分中心心理学の考え方において、人間関係の問題で「自分が変わる」ことをすすめるのは、単に「自分が変わるほうが問題の改善や解決が早いから」というのが最大の理由です。

ところが、「～しなければならない」と自分を厳しく縛る人は、「自分が変わる」ということを、

「自分が間違っているから、自分を正さなければならない」

「自分の能力が足りないから、我慢して努力しなければならない」

と解釈してしまう人が圧倒的に多いのです。

なぜ相手に対しても厳しくなるのか

周囲の評価を気にし過ぎたり、他人のものさしを重視し過ぎたりする「他者中心」の人は、否定的に自分を見てしまう「自分に厳しい人」になってしまいがちだということを先に述べました。しかし、他者中心的になることの問題点はそれだけではありません。

繰り返しになりますが、自分のことを否定的に見てしまうその厳しい審査の目

は、自分だけではなく、得てして他者にも向けられます。そのため、気づかないうちに他者にも厳しい要求を課していきます。

自分の判断基準を外側に置いて、

「それに適した人間になるべきだ。そのために、自分が変わらなければならない」

こんなふうに信じて努力していれば、他者に対してどう思うでしょうか。

自分は苦痛に耐えて頑張っている。そんな自分の目から、他者が頑張っていないと映ったとき、どう思うでしょうか。

「自分がこんなに頑張っているんだから、他の人間も、私のように頑張るべきだ」

という気持ちになるのではないでしょうか。

「私も自分を変えようと苦痛を覚えながら耐えているんだから、あなたも私のように耐えて努力しないと承知しないわよ」

自分に厳しい人は、自分のすべきことがいっぱいあり過ぎて、すでに心が限界ギリギリの飽和状態になっています。ですから、「他人は他人、自分は自分」「相手にも自分にも、選択の自由と責任がある」というようなことは思いつきません。たとえ頭では理解していても、そんな気持ちにはなれず、とっさの会話でも相手を尊重するような言葉は出てきにくいでしょう。

このように、自分に厳しい人は、得てして他者に寛容になれないのです。

そして、他者との関係では、

「相手が悪い、相手が間違っている」

と考えるため、

「相手が悪いのに、どうして、私が変わらなければならないんですか」

と言いたくなるでしょう。あるいは、

「私にも悪いところがあるのは認めます。でも、相手だって悪いのに、どうして私だけが変わらなくちゃならないんですか」

と言いたくなる人もいるでしょう。相手も変わらないと、不公平だというわけです。

場合によっては、相手の言動がほんとうに理不尽で、「自分だけ変わらないといけないというのは不公平」ということもあるでしょう。ですが、そんな理不尽な相手に「変わる」ように求めたところで、相手が素直に従うでしょうか。不毛な言い争いが待っているだけだとは思いませんか。

そんな問題のある人間と公平な関係を築こうと努力するよりも、自分を変えて相手と距離をとり、自分を安全な立場に置くほうがより建設的で、効果的です。

人間関係のトラブルは「良い悪い」では解決しない

「相手が悪い」のなすり合い

義務感から自分が変わらなければならないと思っている人は、「自分が変わったほうが早い」という考え方を頭では理解したつもりでも、「相手だって悪いのに」あるいは、「相手のほうが悪いのに」という思いが絶えず心の奥底でくすぶっています。

そして、他者中心的な人ほど、他者と自分とを比較して、

「どうして私ばっかりが、変わらなくちゃならないのよ」

といった不満が心の中に渦巻いています。

では、どうしてそんな不満ばかりが湧き上がってくるのでしょうか。

それは、自分中心的な人と他者中心的な人とでは、気持ちの出発点が違うからです。

自分中心的な人が自分を変えようとするときは、「自分を変えたい」「自分が変わったほうが効率的だ」といった自分を基準にした気持ちから出発して、「自分を変える」ことを選択しています。もちろん、自分が変わりたくないときは「自分は変わらなくていい」と自分の基準で決められるでしょう。

一方、他者中心的な人は自分を変えようとするときも他人や周囲の基準を優先しがちです。

たとえば、「私は社会人としてこれくらいできなければ問題だ」といった周囲の基準で自分に変わることを強制したり、周りから変わることを要求されているから、「私は変わらなければいけない」と思い込んだりしています。つまり、根本のところで「自分が自分を否定している」のです。そのことを自覚している人もいれば、意識できていない人もいるでしょう。

たとえば、「仕事は決して怠けるべきではない」と普段から考えていたとしましょう。そんな人が、疲れから職場でちょっと居眠りしてしまったとしたら、どのような気持ちになるでしょうか。

おそらくは、

「居眠りして、怠けてしまった。私はダメな人間だ」

というような罪悪感を覚えるでしょう。

自分が疲れているという事実を無視して「居眠りしてしまった自分が悪い」と考えたり、疲れていることは認められたとしても「疲れている自分が悪い」と考えたり、責め方は違いますが、自分を否定してしまっていることは同じです。

しかも、そうやって自分を責めたからといって、眠いという状況を解決することはできません。むしろ、眠さと罪悪感で、かえって能率が低下するでしょう。

仕事や人間関係のいろんな問題は、ときに、誰も悪くないのに、ちょっとした行き違いや不運から起こることもあります。ですが、いつも自分を否定し続けていると、どんな問題が起きても自分が悪いと思いがちです。

では、もし、自分が100パーセント悪いと考えられたら、それで自分自身は納得できるかというと、話はそう簡単ではありません。

「でも、あの人だって」

と心のどこかで言いたくなるものです。

それも当然です。誰だって自分だけが悪いとは考えたくありません。

自分が悪いと考えたくなければ、相手が悪いと主張したくなるでしょう。互いに「自分が悪い」ということに承服したくないのですから、互いに、「悪い」を相手になすりつけ合うことになっていくでしょう。

「私も悪い、相手も悪い」としても

人間関係で問題が起きたときに、相手と自分を比較して、「良い悪い」の視点だけから捉えて解決しようとすると、その人間関係は得てして、同じ問題を繰り返す不毛な堂々巡りに陥ります。

たとえば、

「私が悪い。相手は悪くない。だから、私が変わらなければならない」

そう考えれば、変わることを自分に強制することになります。自分では「変わりたい」わけでもないのに、義務や強制で「変わらなければいけない」と考えること自体、大きなストレスです。そんなストレスを我慢していれば、いずれは爆発して相手を激しく責めてしまうことになるでしょう。こうして、かえって人間関係がこじれてしまうというのは先に述べたとおりです。

それでは逆に、

「私は悪くない。全て相手の責任だ。だから、変わるべきなのは相手だ」

と考えれば人間関係は上手くいくでしょうか。そんなはずはないですね。誰だって「お前が悪い」と責められるのは嫌なものです。ましてや、責任を全て被せられて不愉快にならないはずがありません。

「私も悪い、相手も悪い。だから、私も変わるべきだし、相手も変わるべきだ」といった考え方も似たようなものです。先ほどの二つの例よりは公平のように見えますが、自分に変わることを強制するという点では同じです。相手も、自分の意思とは関係なく自分の責任を追及され、変わることを強制されるので、不愉快な気分になるでしょう。

理不尽に思うかもしれませんが、実際に相手がどれくらい悪いのかということとは関係ありません。「他人に自分が悪いと決め付けられる行為」そのものが、相手を不愉快な気分にさせるのです。

このように、相手と自分との関係を、「良い悪い」の視点だけから捉えると、お互いに責任を押し付け合う人間関係が構築され、無駄な労力を費やすことになってしまうのです。それで問題が解決することはまずありません。一見、問題が解決したように思えても、実は同じ問題が形を変えて潜んでいるだけという場合がほとんどです。

もちろん、人間関係において問題が起きたとき、実際に誰かに責任がある場合は少なくはないでしょう。ですが、多くの場合、その問題を解決するためには、「良い悪い」以外の視点が必要になるのです。

人間関係を最悪にする思考パターンとは?

特に気をつけたいのは、「100パーセント、自分が悪い」、あるいは「100パーセント、相手が悪い」といった考え方です。

冷静な状態であれば、この「特定の誰かが100パーセント悪い」という考え方はあまり現実的なものではないことに気づくでしょう。実際、人間関係の問題は、こんな単純な割り切り方ができないケースがほとんどです。

しかし、人には物事を単純な捉え方で済まそうとする傾向があります。気持ちに余裕のないときほど、その傾向は強まります。

冷静なときにはあり得ないと気づけるような思い込みであっても、自分が当事者になって、気持ちに余裕がなくなってしまうと、単純でわかりやすい考えに飛びつくことが珍しくないのです。

それでは、実際に問題やトラブルが起こったとき、「特定の誰かが100パーセント悪い」という考え方に立つと、心はどのような状態になるでしょうか。

自分が100パーセント悪いと考えた場合、そのときの自分を責めたり自分に我慢を強いたりして生じるストレスは、自分も悪いが相手も悪いと思って自分を責めているときとは比べものにならないほど苦しいものになるでしょう。

反対に、誰かが100パーセント悪いと思えば、その責任を厳しく追及したくなるでしょう。けれども、そうすればするほど、相手との関係は改善されるどころかいっそう対立することになります。ましてや相手があなたの要求を100パーセント受け入れることは不可能です。それを追い求めれば、エンドレスに相手を責め続け、争いを続けることになるでしょう。

このように、自分も含め、「特定の誰かが100パーセント悪い」という考え方は、他者中心の考え方の中でも特にトラブルに発展しやすい危険なものなのです。

意識の底に「自己否定」が横たわっている

無意識に自分を何度も傷つけている

「周りに合わせること」を基準にして、人間関係のいろんな問題を良い悪いで判断しようとするとき、その根底にあるのは、

「周りとズレている私が悪い。私が間違っている。適切でない」

といった自己否定の視点です。

「私は変わらなければならない」

と考える意識の底には、すでにこんな自己否定の視点がどーんと横たわっているのです。

しかし、そもそも、自分が心から納得した上で自己否定することを選んだわけではありません。「そうあるべき」だという外側の基準で思い込んでいるだけで、無意識のところでは自己否定に抵抗しています。

こんなふうに、「他者中心」の人たちは、外側の基準に合わせて自分に厳しく接するために、〝自分を傷つける必要のないところ〟で、自分を甚《はなは》だしく傷つけています。

社会や周りと照らし合わせて「そうすべきだ」あるいは「〜して当たり前だ」と思って生きてきた人ほど、無数に傷ついているでしょう。

改めて客観的に考えてみれば、わかるはずです。

まず、自分に問題が起こったとき、すでにその問題で悩み苦しみ、傷ついている自分がいます。

傷ついている上に、

「私が悪いから、変わらなければならない」

と自分を否定すれば、さらに自分を、二重三重に傷つけることになります。他者中心である限り、そうやって、無意識に自らを何度も傷つけることになるのです。

しかも、自分を否定すればするほど、他者のことも否定しないではいられなくなります。ただ、他者の否定は、もともと自己否定から始まっているので、それで問題が解決に向かうことはありません。かえって問題が大きくなる可能性が高く、まして、自分の心が晴れることもありません。

もっと自分をいたわろう

自分に厳しい人たちは、「自分が変わる」という言葉を遣うときでさえも、「自分が間違っている」という自己否定の認識をそのベースに敷いています。それがさまざまな問題を引き起こすことは先に述べました。

そんな他者中心的な人にとって最も重要なレッスンは、「もっと自分をいたわり、肯定する」ことだと言えるでしょう。

たとえば先の「居眠り」の話でいうと、自分中心の人は、居眠りをしてしまっても、

「ああ、そうかあ、昨晩、楽しいことがあって夜更《よふ》かししてしまったから、無理ないか」

と眠くなった自分を受け入れることができます。

もちろん、前日、「夜更かしをしてしまった」という事実は、事実として受け止めています。「まずかったなあ」と反省もするでしょう。けれども、そうであっ

ても、そんな自分であることを「ダメだ」と否定してはいません。

そんな自分を認め、肯定しているということです。

自分の状態を肯定できれば、

「昼休み時間を早めに繰り上げて、休憩室で休もう」

と決めることもできるでしょう。

根本のところから自分を肯定しているからこそ、自分を厳しく責めたり罰したりするよりも、自分をいたわる選択をすることができます。

このほうが、はるかに仕事にもすっきりと専念できるでしょう。

これはほんの一例です。

私たちは普段から、気づかずに、絶えず自分をバッシングしています。「自分が変わる」という本来はポジティブな発想さえも、自分を否定する材料にしています。そうやって自分を何重にも苦しめる必要など、いったいどこにあるというのでしょうか。

もしあなたがそんな「自分に厳しい人」であるならば、今あなたが真っ先にするべきことは「もっと、もっと自分をいたわる」ことではないでしょうか。

他人に認めてもらいたい欲求が強過ぎる現代人

ほんとうの幸福感を得るには

人には「他者承認の欲求」というものがあります。

たとえば「他人に認めてもらいたい」、「他人に同意や賛同をしてもらいたい」、「他人から賞賛されたい」といったものが代表的な他者承認の欲求です。「愛されたい」という感情にも他者承認の欲求的な側面があります。

また、この欲求は、家族や友人との人間関係をつくり上げようとする動機になるなど、間違った欲求というわけではもちろんありません。

ただし、自分で「自分を肯定」できないと、この他者承認欲求が強くなり過ぎてしまいます。自分のことを否定すればするほど、他者承認欲求は際限なく増大していきます。それがさらに高じると、「満足感、充足感、達成感などを満たすには、他者からの承認だけが唯一の方法だ」という、誤った認識を持つようになってしまうことすらあります。

最近、そんな他者承認欲求が強くなり過ぎた人たちが、とても増えているように思えます。日常生活においても、「恥ずかしくないように」、「流行に後れないように」、「仲間ハズレにならないように」などと他者承認欲求を駆り立てるような物言いが流布されていて、他者に認められることが幸福の到達点であるかのように言う人すらいます。

しかし、他者の評価は移ろいやすいものです。自分を肯定する方法を他者からの評価に頼ると、自分を肯定できるかどうかという重要な問題を他者に預けることになってしまいます。

たとえば、あなたが努力をして一定の成果を出したとします。しかし、あなたの周りの他者は、あなたの成果を評価しないかもしれません。あるいは、嫉妬して悪く言うかもしれません。あなたにはもっと違う分野で努力して欲しいと勝手に望んでいる場合もあるでしょう。

そんなとき、もし、あなたが他者承認欲求に依存していればどうなるでしょうか。せっかく成果を出したのに、それをあなたは自分で評価できません。だから、自分自身を認めることもできません。

他者の承認に依存していても満足感や幸福感といったものを得ることはできます。ただし、それらは〝かりそめ〟のものです。

逆に、自分を認めることで得られる満足感や幸福感は、簡単には周りに左右されません。質の高いポジティブなほんとうの意味での満足感や幸福感は、自分が自分を認められてこそ得られるもの、というのが真実なのではないでしょうか。

〝結果オンリー〟の弊害

自分の意識が、自分に向いていれば、自分の心を知ることができます。

自分が何を望んでいるのか。何を求めているのか。何をどう感じているのか。何をどうしたいのか。それこそ自分の、一瞬一瞬の心の変化もキャッチし、感じることができます。

自分の心に気づけば、他者ではなく、自分自身が、自分の心に寄り添うことができます。

その意味で、本来は、自分の心を最もよく知ることができるのは、自分です。

けれども、他者からはあなたの心は見えません。

他者が知ることのできるのは、主に「結果」です。

「仕事の売り上げが、一番だった」

「学校での試験の成績が一番だった」

「○○で表彰された」

「スポーツで優勝できた」

これらは全て、結果として他者も知ることができます。

このように、他者に見えるのは結果ですから、他者中心になればなるほど、結果を追い求めるようになるのは当然といえば当然のことでしょう。

しかし、そんな「結果」ばかりに囚われて、それを追い求めれば、どうなっていくでしょうか。

「他者に認められたい。社会に評価されたい」

という他者中心の欲求ばかりが肥大していって、〝結果オンリー〟となっていくでしょう。

「それで結果が出るのであれば、いいじゃないか」

と思う人もいるでしょう。ところが話はそんな簡単ではありません。

たとえば、あなたが資格か何かの勉強をするために、問題集を使ったとしましょう。

そのとき、「しっかりと勉強をして、自力で問題を解いた場合」と「問題集の解答を解答欄に書き写しただけの場合」では、勉強が身につくのはどちらでしょうか。考えるまでもなく、前者の「しっかりと勉強をして、自力で問題を解いた場合」ですね。仮にあなたが、一度読んだ内容は決して忘れないような特別な記憶力を持っていたとしても、答えを丸暗記するだけでは勉強が身についたとは言えません。なぜそのような答えになるのかの過程が重要だからです。

こうして問題集を最後までやりきったとしても、やりきったという表面上の結果は同じですが、過程がどのようであったかによって、勉強がどれくらい身についたかはまったく違ってくるのです。

人間は、結果によって成長することも、あるにはあります。たとえばスポーツの試合で勝利して自信がついたというような場合です。ですが、自信も、実力が伴わなければただの自信過剰でしかなく、かえって害になります。実力を身につけるのは、毎日の練習であったり、試合中の経験であったりします。

つまり、結果ではなく、過程こそが、人の成長に大きく貢献しているのです。

他者中心的な〝結果オンリー〟の考え方には、この「過程の重要さ」がすっぽりと抜け落ちています。そのため、〝結果オンリー〟の考え方に頭が支配されると、求める結果と実力との間に差ができてしまいます。やがてその差は次第に大きくなり、〝結果のみを重要視〟しているのに、〝結果が出なくなる〟という、一見不思議な状況に悩まされるようになるのです。

自分を傷つけ、他人と争う心理

しっかりと理解して欲しいので繰り返しますが、もともと、他者中心になっている人は、自分の価値観や判断基準を外側に置いています。最初から、外の基準に従おうとする意識があります。

それは、自分の存在証明を外に求めるようなものです。

自分で自分を認めることも評価することもできないのですから、無理もありません。

けれどもそうやって自分の意識が外側に向かえば、他者と比較しないではいられなくなるでしょう。

そうやって、他者と自分とを比較して競います。

他者と競うから、周りの人を批判したり、批難したりしたくなります。自分を評価できないのに他者と競っているのですから、他者を低く評価したくなってしまうのも自然なことと言わざるを得ないでしょう。

他者と比較して、自分が劣っていると感じたならば、嫉妬したり、ひがんだりするでしょう。

人に認めてもらおうとすると、「結果」だけが自分を証明するものと考えがちです。しかし、結果を出したとしても人が認めてくれるとは限りません。そのために、知らず知らずのうちに、自分に対する要求度も高くなります。

しかもそれ自体、自分が望んで自分に厳しくしているわけではないので、自分に厳しく要求すればするほど、その苦しさから、周囲の人にも厳しい視線を向けないではいられなくなります。

つまり、自分に厳しい人は、自分にも他者にも厳しくなって、あらゆるところで自分を傷つけ、罰し、周囲の人とも争っていく、というふうになっていくのです。

まさにこれが、多くの現代人が自分にやっていることなのです。

自分の気持ちや感情を無視して傷つけている

自分の心がわかるのは自分だけ

前述したように、自分の心は自分にしかわかりません。他者がどんなに努力したところで、自分の心に最も寄り添って、自分をいたわれるのは自分自身です。相手が「私」に成り代わることはできないのですから、他者によって100パーセント満足することは不可能と言えるでしょう。

それでも、もし、他者から得られる満足感や幸福感ばかりに依存していたら、その後に何が起こるでしょうか。自分の心はどうなっていくでしょうか。

十中八九、〝失う〟ことへの恐れに支配されていくでしょう。

「これからも、ずっと、認め続けてもらえるだろうか」
「認めてもらうためには、もっと努力しなければならない」
「もし、自分の能力が衰えたら、誰も振り向いてくれる人がいなくなってしまう」

などと恐れを抱くようになるでしょう。

他者中心の意識で、継続的な満足を得ることは、決してありません。

そもそも、他者に認めてもらうことで、満足感や幸福感を、永続的に得続けられるというのは、「幻想」なのです。

にもかかわらず、圧倒的多数の人たちが、そんな幻想を追い求めて、自分を責め、自分に強制し、自分を追い詰めていくのですから、厳しい人生になっていくのは火を見るより明らかだと言えるでしょう。

「私はどうすればいい？」が口癖に

自分に厳しい人は、自分を無視して生きてきたので、自分の気持ちや感情や欲求に気づくことができなくなっています。

自分に厳しい人が打たれ強いというのは、言い換えれば、自分の苦痛や悲しみ、悩みなどに鈍感だということです。自分に強制したり義務を押し付けたりする厳しい生き方をしているので、自分の気持ちや感情や欲求を驚くほど粗末に扱っているのです。

自分に非常に厳しい条件を課していることにすら、気づかない人も多いでしょう。むしろ、気づかないことが「当たり前」となっています。

相談者の人たちに、話の途中で、

「私にとって望ましいのは、どれでしょうか。どれを選んだほうがいいのでしょうか。私は、どうすればいいんでしょうか」

と尋ねられることが少なくありません。

「私はどうすればいい？」

というフレーズが、口癖になってしまっているのです。それは、常に、

「自分にとって、何が最もいいんだろうか。何が最も得策なんだろうか。何が最も自分にふさわしいんだろうか」

などと、頭で考えているからです。そこには、

「私がこれをしたい。私はこれが欲しい。これだけは絶対に譲れない」

といった〝自分の欲求〟がすっぽりと抜け落ちています。

ときには、ふと自分の欲求が胸をよぎって、

「これだ！」

と思ったとしても、その「これだ！」も、自分の欲求や感情を優先することに

自信が持てないために、すぐにしぼんで、

「果たしてこれでいいんだろうか？　もし、間違っていたらどうしよう。失敗したらどうしよう」

と揺れ始めます。そしてまた、

「もっと他に、最善策があるのではないだろうか？」

などと思考の堂々巡りの中に入っていくのです。

もっと自分の心に寄り添い、いたわろう

自分の気持ちとよく相談して

人の心は複雑です。選択肢のうちの一つが明らかにあなたに利益をもたらす好ましいものに思えたとしても、心がほんとうにその選択を望んでいるとは限りま

せん。

最も大事なことは、自分の心に寄り添い、いたわることです。

一つの決断をするとき、自分の心のことを考えもせずに決めてしまうと、

「ほんとうにこれが、自分のやりたかったことなのだろうか」

「あのとき、自分はほんとうはどうしたかったのだろうか」

などと、後から悩んだり迷い続けたりすることになるでしょう。

もしその決断が自分の心に逆らうようなものであれば、自分の心に適った選択をしたときと比べ、悩みやストレスなどがより多くなるはずです。それらのせいでモチベーションが上がらず、集中できないため仕事の能率も下がってしまうかもしれません。

決断の結果が悪いものではなかった場合ですら、

「あのとき違う判断をしていたほうが、自分は幸せだったんじゃないだろうか」

などと、後悔の念が脳裏にちらついたりするかもしれません。

逆に、自分の気持ちとよく相談した上で決断したことであれば、

「自分の意思で選択したんだ」

という満足感が得られます。その満足感の分だけ不安感も薄れるでしょう。自

分が望んだことをしているのですから、そうではないときと比べて、行動するモチベーションも上がり、集中力も持続するはずです。

仮にその決断で状況が悪くなったとしても、

「自分で納得して決めたことだから」

と、自分の心を無視して決めたときよりも、早く気持ちを切り替えて次に進むことができるはずです。

自分の「欲求、気持ち、感情」に気づこう

決断をするとき、どんなにそれが社会的に好ましい選択であるかのように見えても、自分の心に寄り添った選択でなければ、結局、自分を傷つけてしまいます。

たとえば、自分の心を無視して、

「みんながいい人だと言うから、結婚しよう」

「みんながいい会社だと言うから、就職しよう」

というような動機で決めてしまうとしたら、自分に対してひどい仕打ちをしていることになります。

自分が望んでいることに気づいていてもいなくても、「自分の心を無視する」のは、ひどく自分を傷つける行為なのです。

他者中心の考え方で生きてきて、「他者に認めてもらうこと」を追い求めてきた人たちほど、自分をひどく傷つけています。

自分を傷つけていることにすら気づけない人たちも少なくありません。

そんな傷を癒し、自分を守れるようになるためには、「自分を肯定できる」ようになることが大事です。

そして、何よりもまず「自分の欲求、気持ち、感情」に気づくことが、「自分を肯定する」ための第一歩なのです。

たとえば、つらくて泣きたい状況になっているとしましょう。そんなとき、自分を肯定できない人は、

「こんなことで弱音を吐くなんて、情けない。そんな根性なしで、どうするんだッ！」

と、即座に自分の気持ちを、思考で打ち消そうとするでしょう。

これでは、ただでさえ傷ついている自分に、自分で追い打ちをかけているようなものです。

自分を肯定できる人であれば、

「そうかあ、ほんとうに、つらいねえ。わかるなあ。無理もないよ。泣きたくなるのは当然だよ。泣きたいんだったら、我慢しないで、思いっきり、気が済むまで泣いたほうがいいよ」

というふうに、今、そんな気持ちになっている自分を肯定し、受け入れることができるでしょう。

これが、自分の心に寄り添うということです。

自分の心に寄り添うことが、「自分を肯定する」ということなのです。

自分に厳しい人たちは、物事を「すべき」や「できて当たり前」という見方で捉えて生きていて、「自分を肯定する」ことを知りません。

そんな人は、

「もう、無数に、数え切れないぐらい自分を傷つけてきたなあ。ほんとうに、大変だったねえ。自分を大事にしてこなかったなあ。これからは、もっと、自分の心に寄り添って、いたわってあげよう。自分の心に適った生き方をしよう」

といった言葉を、自分に投げかけてあげることです。

自分を厳しく扱ってきた他者中心の人ほど、自分を、〝もっと、もっといたわる〟

ことです。
こうやって「自分を肯定する」レッスンをすることが不可欠なのです。

第3章

自分を許し、自分の心に寄り添う

★自分の「欲求」を満たす選択をしていますか？

自分に無関心だから自分に厳しくなる

自分に厳しい人は〝漠然と〟生きている

多くの人が、「心」というと、形が見えないために漠然としていて、つかみ所のない存在だと感じているように思えます。

心の問題と向き合って、それを改善しようとすれば、

「あまりにも漠然とし過ぎていて、どこから手をつけたらいいか、わからない」

「改善するには、とてつもなく長い時間と大きな努力が必要で、取り組む前に挫《くじ》けてしまいそう」

そんなふうに感じてしまうのは、無理もないことです。

けれどもほんとうは、そうではありません。

心を漠然としたもののように感じるのは、実は、自分の心を大事にしていないからです。自分の心を大事にしていない自分に厳しい人ほど、自分の心が漠然と

しか感じられないのです。

自分に厳しい人たちが、自分のストーリーを語るとき、その人が困難な状況にあるほど、話の内容が、非常に「漠然と」しています。

それは、日頃から自分に起こっている出来事や事象に無関心で、何事も漠然と捉え過ぎているからだと言えるでしょう。

自分に厳しい人ほど自分に無関心

心を漠然としか感じられないとしても、感情そのものが希薄であるとは限りません。実際は、傷つくことに疲れ、無意識のうちに心を感じないようにしてしまっているので、感情に気づかないだけという場合がほとんどです。

ですから、もし、十分な理由がないのに、

「絶えず苛立っている。なんとなく焦る。いつも不安。なぜか無性に腹が立って仕方がない」

といったネガティブな感情が、頻繁に湧き上がるとしたら、それは、日々の生活の中で、自分に起こっている出来事を具体的に捉えることができずに、無自覚にやり過ごしてきた結果だと言えるでしょう。

私たちの心は、自分自身が想像している以上に繊細で、普段でもそれこそほんの数秒の間にも、さまざまな感情が湧き上がることもあります。

感情が動くということは、そのたびに何かが起こっているということでしょう。この「何か」は、内面で起こっていることも含みます。

たとえば、映画を見て登場人物に共感したとします。その直後に、似たような自分の過去の体験が思い出されて、より強く気持ちが揺さぶられるかもしれません。

ある場面を見て、無性に怒りが湧き上がったとしたら、過去に腹が立つことを経験していて、まだその痛みが解消されていないからなのかもしれません。あるいは、直接は関係ないことが連想されて、まったく違う感情が湧き起こるなんてこともあるでしょう。

このように、自分の心の動きをよくよく観察すれば、自分の感情が動くとき、何かが起こっていることがわかります。

どんな気持ちや感情も、無秩序に起こるわけではありません。「理由もなく湧き上がってくるように思える感情」も、単に自分が気づけていないだけで、それが起こる理由があります。

そして、その「理由もなく湧き上がってくるように思える感情」をどうにかしたいと思うのであれば、自分の心の動きに気づくことができるようになる必要があるのです。

にもかかわらず、他者中心の人は、他者や社会を気にし過ぎるあまり、恐ろしいまでに〝自分に無関心〟でいます。

自分のその時々の痛みから目を背け、大勢の人が遣う「前向き」という言葉で自分の気持ちをごまかしたりして、我慢してやり過ごそうとしています。

そうやって自分をごまかし、だまし、自分の心を裏切って、自分で自分を打擲《ちょうちゃく》しています。

他者や外界ばかりに囚われて、自分に反した生き方をしている人は、それだけで、自分を傷つけているということなのです。換言すれば、それは自分に対してひどい仕打ちをしているのも同然なのですから、厳しい生き方になるのは当たり前なのです。

「自分の人生は自分のもの」という自覚を持とう

人の意見で判断するクセ

自分中心心理学では、「具体的に捉えること」を非常に重要視します。「自分はなぜ傷ついているのか」「自分はなぜイライラしているのか」「自分の気分はなぜ落ち込んでいるのか」といったことを理解し、自分の心に寄り添うためには、「自分がどんなことに、どのような反応をしたのか」を具体的に見ていくことが大事だからです。

そうやって自分の心に寄り添うことが、自分の心に沿った解決方法、自分が納得し、満足できる解決方法を探すための第一歩でもあります。

当然のことですが、周りのことばかり気にして自分の心を無視している人は、自分の気持ちに気づくことができません。それだけでなく、そんな他者中心的な見方で物事を捉えていれば、自分に起こっていることすら漠然としかわかりません。自分の状況を理解するときには、「自分がどう思っているか。どう感じているのか」が非常に重要なのですが、そのことに無関心だからわかりようがないのです。

自分に起こっていることが見えなければ、もちろん自分の問題を解決することも困難です。

そんな他者中心的な人が問題に直面し、それを解決しようとした場合、まず頼るのは他者の意見です。

自分の心や気持ちが漠然としかわからないので、代わりに周りの意見を指針にしようとするのです。「みんなが〜」「常識では〜」「今の人なら〜」「○○ならこれくらいのことは〜」といった他者の意見に頼り、なんとか判断の指針を作り上げようとします。

人の意見を取り入れること自体は、悪いことではありません。人の意見を聞き、その中から良いと思ったものや正しいと思ったものを参考にすることは大事なことです。しかし、そもそも他者中心的な人には、良い悪いを判断するための指針がありません。

指針とするべき考え方ですら、「自分にとって良いか、悪いか」や「正しいか、誤っているか」ではなく、「みんながそう言っているから」といった理由で選んでしまったりします。

他者中心的な人が選びがちな指針がもう一つあります。それは、「損得」です。目先の損得に惑わされると、長い目で見たら損をしてしまうことだって起こり得ることは言うまでもありません。

もう一つ、損得で物事を判断する場合に気をつけなければいけないことがあります。本来、自分にとっての損得は自分の気持ちと不可分です。自分の気持ちと関係のない損得とは、他者がそうだと言っている「損得」、つまり、他者の「都合」に他なりません。

たとえば、「これは買っておかないと損」、「こちらのほうがお得」なんて言葉に振り回されて、欲しくもないものを買ってしまったのなら、そのときは気持ちが他者中心的になってしまっていたのかもしれません。

思考に頼り過ぎると本質が見えない

他者中心的な人の陥りがちな罠が、もう一つあります。それは「思考偏重」の罠です。

前にも述べましたが、自分の心を無視している人は、自分の心の状態に気づけません。そのために、物事を、思考だけで解決しようとしがちです。しかし、ここに大きな問題が潜んでいます。思考に偏り過ぎると、自分の心や感情、気持ちといったものに焦点が当たりにくくなります。ただでさえ他者中心的な人は自分の心に鈍感になりがちなのに、余計に鈍くなってしまうのです。

なぜなら、「思考している状態」のときの脳は、同時に自分の心や感情を感じ取ることが非常に難しいからです。

たとえば、数学の問題を解きながらテレビの映画を観たらどうなるでしょうか。どちらかに身が入らないと思いませんか。もしくは両方に集中できず、理解しにくかったり、感動が薄れたりすると思いませんか。

思考をするなと言っているわけではありません。ただ、思考に頼り過ぎると、一生懸命に考えているはずなのに、かえって物事の本質が見えなくなってしまうということなのです。

その上、これまでも述べているとおり、感情を軽視すると自分の心や感情が見えにくくなります。自分の感情がわからなければ、その感情を上手く処理することもできません。溜まった感情が爆発するようなことも増えるでしょう。結局、自分の感情を無視すると、かえって感情的になったり感情が爆発してトラブルになったりすることが増えてしまうのです。

また、他者中心になって周囲や他者に囚われてしまうと、とりわけ、「自分を含めた具体的な場面」を客観視することが難しくなります。自分のための解決という点においては、これは〝致命的〟だと言わざるを得ません。

「相手だけが悪い」と断言できますか？

たとえば、誰かに対して、

「この人は、自分の能力をひけらかしてばかりいる」
「この人は、人を批判してばっかりいる」
「この人は、自分の自慢話ばっかりする」

というような不満を抱いたとしましょう。

しかし、そんな不満を抱きながらも、そのままずっと解決できずにいるとしたら？

その理由を少し考えてみましょう。

こうした問題を抱えた人に、

「どうしたらいいと思いますか」

と質問すると、

「相手の性格が悪いのだから、変わるべきなのは、相手だ」

という意見を述べる人が少なくありません。そう言いたくなる気持ちもわかります。ですが、いくら心の中で「変われ！」と念じたところで、相手が変わってくれるはずもありません。口に出して、相手の態度を注意したとしても、相手が態度を改めてくれる可能性は低いでしょう。

こうした問題を改善するのに役立つのが「関係性」という捉え方です。相手のことだけでなく、「自分のこともその問題の一部」と捉えるのです。つまり、「自分のこと」を考慮に入れて状況を捉えていないから、問題がいつまでたっても改善しないのです。

他者中心的になって、あれこれと悩みながら思考しているときは、自分の心に鈍感になってしまっています。自分の心に鈍感になってしまうと、その問題に自分が直面しているという意識が希薄になり、

『自分が、その問題の中に含まれている』という事実に気づくことが難しくなってしまいます。

人間関係では、その名のとおり、お互いの関わり方、つまり「関係性」が重要な要素になっています。ですから、人間関係の問題は、お互いの関わり方次第で解決に向かったり、逆にこじれたりする場合が多いのです。

自分の「欲求」を満たす選択をする

不愉快な相手にどう対処するか

関係性という点で言えば、「どちらが悪い」あるいは「どちらにより多くの責任がある」ということにはなりません。「問題を起こしたのはAだが、問題解決のカギはBが握っている」ということは、現実にいくらでもあるのですから。

相手との関係性を理解するためには、その相手に対して「自分はどういう態度をとったのか」「自分は何を言い、何をしたのか」を知る必要があります。さらにこの二つを知るには、「自分はどう感じたのか」を理解する必要があるのです。

これは、自分にその問題の責任がまったくなかったとしても同じです。責任はなくとも、その問題に自分が直面している以上、その問題に関係しているのですから。

その問題が起きたとき、自分はどう感じ、どういう態度で、どういう言動をとったのか。それに対して、相手はどういう反応をしたのか。

たとえば、相手が自分にとって不愉快な話をしているとき、自分はどんな対応をしたのか——。相談者にこれらのことを尋ねると、しばしば、

「面と向かって相手に指摘したら争いになるじゃないですか。黙って聞くほかありません」

という答えが返ってきます。

しかし、こんな場面を、関係性の観点から見るとどうなるでしょうか。まさにその「不愉快な相手の話をずっと聞いている」という自分の対処方法が、相手の不愉快な行動を助長していると言えるでしょう。

相手からすれば、こんなとき、
「この人は、自分の話を黙って聞いてくれて気分がいい」
となっています。

人間関係の問題はケースバイケースなので、「必ずこうすればいい」という答えがあるわけではありませんが、相手の不愉快な行動に不満を抱きながら黙っているよりは、自分自身が、「そんな相手にどう対処するか」を模索したほうが、はるかに賢明でしょう。

それは決して難しいものではありません。たとえば、相手の不愉快な言動が始まったら、「やたらに相づちを打たない」という方法もあります。同意を求められても、返事をしないということも、自分の立派な意思表示です。タイミングを見計らい、
「じゃあ、これで、失礼します」
などと話を打ち切って、その場を立ち去るという方法もあります。

もし、これまで自分が、つい相手に合わせて相手の話に関心がある振りをしてしまっていたというのであれば、それをやめるだけでも効果はあるでしょう。

相手が不愉快な言動をとったとき、毎回このような対応をする必要はありませ

ん。また、突然、関わり方を180度変えるのは自分にとっても負担でしょうし、相手も気分を害するかもしれません。

最初は、一度だけ普段と違う対応を試してみる。その後は、少しずつその対応の頻度を上げてみるというのがいいでしょう。

このような対応をしたからといって、一度で相手の不愉快な言動が納まるというような劇的な効果は期待できません。ですが、相手の不愉快な話を回避できれば、回避できた分だけこちらのストレスは軽減するでしょう。それだけでも成功と言えます。

もし繰り返していくうちに、相手の不愉快な言動が減ったならば、それはもう大成功でしょう。それぐらい、他人を変えるのは難しいことですが、少なくとも、自分のほうからその「関係性」を変えることはできるのです。

矛盾した考えも丸ごと受け入れる

人に厳しい目を向ける思考タイプの人の多くは、

「でも、その人は、私とだけじゃなくて、他の人たちと話をしているときだって、人の批判ばっかりしているんですよ」

と、自分と相手の関係性を改善するだけでは納得できないという顔をします。

正義感や他の人たちへの同情心があるとしても、自分の欲求や思いを抑えて、自分に厳しい生き方を強いている人は、他の人にも自分と同じような我慢を強いたくなってしまうのです。

本来、自分の生き方は自分のものです。他者がどういうふうに生きようが、それは自由です。他人が、自分の能力をひけらかそうが、人を批判しようが、自分の自慢話ばっかりしていようが、その人たちの「自由」です。

他者がどういうふうに生きようが、テレビや雑誌や新聞やネットに登場する有名無名の人たちが自分と直接関係がないのと同様に、自分とは関係がありません。

けれども、他者や外側の基準に束縛されて自分に厳しく要求したり強制したりしている人は、自分がそんな生き方をしているがゆえに、他者もそうしないと不快に思いがちです。中には、自分に関係ない人たちにも干渉して、それがさまざまなトラブルにつながってしまう人もいます。その結果、自ら、いっそう厳しい人生にしていくのです。

そういう人ほど、自分の心に寄り添った選択や自分の欲求を満たす選択を、自分のためにしてあげることが先決です。

この例で言えば、相手の話を〝聞きたくない〟と感じたら、自分のその気持ちを優先することが、自分を大事にすることになります。

もちろんその〝聞きたくない〟を優先するには、他者とのつきあい方のスキルの問題があります。自分にそのスキルがなければ、すぐに〝聞きたくない〟を実現させることは難しいでしょう。

そんなときは、〝聞きたくない〟と〝難しい〟という、その両方の気持ちを自覚して受け入れるだけでもいいのです。これが、自分の心に寄り添うということです。

仮に自分の中に、相反する二つの気持ちが起こったとしても、それらを素直に受け止めることができれば、次第に、「自分の心に寄り添った生き方をしよう」と決断したくなっていきます。そして、実際に、少しずつ「自分の心を優先する行動」をしたくなっていくでしょう。

「感じて味わう」ことの大切さ

「みんながやっているから」でいいの？

自分中心心理学は、「自分の感情」を基準とします。

それは、自分の心に寄り添うためですし、自分の欲求や願いを叶えてあげるためです。

たとえば日々の生活に追われていると、自分がどんな気分や感情を抱きながら生きているかということすら、意識にのぼりません。

自分が今、楽な気分でいるのか、楽しいのか、嬉しいのか、焦っているのか、不安に駆られているのか、それすらも気づかずに、やり過ごしてしまいがちです。

現代は、生活環境だけでなく社会情勢も、めまぐるしく動いています。そのために、多くの人が、対応に焦っています。

しかし、なぜそこまで焦っているのでしょうか。それを尋ねると、大半の人が

「わかりません」と答えます。

そうなんです。

「みんながやっているから、私も」

「みんなが知っているから、私も」

というふうに、気分的には、「みんな」を意識しているだけで、具体的には何をしていいかわからないという人が少なくありません。

それなのに、

「もっと急がないといけない」

と焦っています。

しかし、不特定多数の「みんな」の意見というものは、不安定で状況によって変化していくものです。それに、周囲に合わせようとすれば、自分に強制することが増えて、どんどん自分を「厳しい人生」に追い込んでしまいます。そもそも、ただ焦るばかりで、進む方向さえ定まらないのでは、得るものは少ないとは思いませんか。

それだけではありません。そうやって「焦りを覚えている」とき、自分の「感じ方」に視点を合わせてみれば、気分は決して心地よいものではないこともわかるでしょう。実は、この「気分が良くない」ということも、決して無視できない大切なポイントなのです。

“今”を感じていると気分がいい

では、次のようなケースではどうでしょうか。

空腹を覚えたとき、

「ラーメンを食べよう」

と決めて、それを食べればおいしいと感じるでしょう。

疲れを感じたとき、

「10分ほど休憩しよう」

と決めて、椅子にもたれて力を抜いたら、気分が楽になるでしょう。

気分転換をしたくなったとき、

「公園に行こう」

と決めて、公園を散策すれば、心地よい開放感に満たされるでしょう。

どうしてでしょうか。

それは、自分の〝今の欲求〟に気づいて、その欲求を叶えてあげた「〝今〟の状態を感じている」からです。

社会や周りの意見ばかり気にして焦っていると、漠然とした「みんなの意見」に囚われて、〝今〟ではなく絶えず将来のことを考えています。でも、将来の進む方向も定まっていなければ、もちろんゴールも定まっていません。ゴールが定まっていない、つまり、目標が見えていないので、何をやっても達成感や幸福感を得ることができません。その上、延々と「焦り」とネガティブな気分にさらされ続けます。

今の自分の状態を感じているときは、自分の欲求のほうに焦点が当たります。自分の欲求を満たし「今を感じている」から、達成感や幸福感を得られ、ポジティブな気分になるのです。

自分の欲求や気持ちや感情に焦点を当てて、「今を感じる」ことでしか、満足や幸福を〝実感する〟ことはできないでしょう。

ですから、焦っている人ほど、逆に、自分の欲求を満たし、その満たしている状態を「感じて味わう」ことが必要です。それが、厳しい人生から解放される最善の方法の一つなのです。

無駄な思考をストップさせる

自分に厳しい人は休息できない

私たちは「頑張ること」を美徳としている社会に生活しています。確かに「頑張ること」自体は悪いことではありません。ただし、「頑張らなければならない」という思い込みや、雰囲気は問題です。

私たちは、無理をすれば意外と頑張れたりします。しかし、もちろんその頑張りには限界がありますし、長期的な視点で見た場合、その「無理をした頑張り」が必ず良い結果に結びつくとも限りません。そして、自分に厳しい人ほど、自分の限界を高く見積もる傾向があります。

自分の体が「休みたい、眠りたい」というシグナルを発しても、それを自分に許しません。

「怠けてはいけない。サボってはいけない」

「弱音を吐いたら、負けだ」

「まだ、頑張れるはずだ」

などと考えて、自分の欲求を覆します。

限界がきて休憩をとったときですら、

「こんなことをしていていいのだろうか」

などといった思考で、疲れ切った自分に追い打ちをかけたりします。「休憩する、休む」という自然な欲求に応えているだけなのに、自分が悪いことをしているような後ろめたさや罪悪感を覚えてしまっているのです。

このように罪悪感を覚えながら休憩をしているときと、自分が休憩することを心から認めて、

「ああ、ほっとするなあ。ラクだなあ。力が抜けて、心地いいなあ」

といった気持ちで休憩をしているときと、そのどちらがしっかり休むことができているでしょうか。もちろん、後者の、自分が休憩することを認めてあげて休んだほうが、休んでいることを心から味わえ、疲れもよくとれることは言うまでもありません。

心が疲労困憊したら

心の疲れは、肉体にもあらわれます。

自分の欲求や望みを思考で打ち消したり、覆したりしていけば、自分の感情に鈍感になるだけでなく、肉体的な疲労や、体調不良を知らせる体からのシグナルにも鈍くなってしまいます。

放っておけば、正真正銘の病気になりかねません。それだけに、心の疲れには、できるだけ早めの対処が必要だと言えるのです。

もし、あなたが、

「もう、何もしたくない」

「最近、何をやっても心が弾まない」

「動くまでに、時間がかかる」

「動くことが面倒くさい」

という状態になっているとしたら、すでに心は「疲労困憊《こんぱい》」しています。

こんなときは、無理に自分を奮い立たせようとするのは禁物です。なぜなら、自分に厳しくし過ぎた結果、そうなっているのですから。

こういうときは、

「今日は、動きたくないから、動くのをやめて、何もしないでゴロゴロしていよう」

というふうに、その状態を受け入れて、自分を〝いたわってあげる〟ことのほうがはるかに重要です。

その1日が、「もったいない」といったことは、まったくありません。

人によっては数日、数週間、数カ月、あるいは年単位で「自分を受け入れる」レッスンが必要な人もいるでしょう。

心の回復には、それほどの時間がかかるものなのです。

自分に厳しかった人ほど、自分を取り戻すには、

「今日は、半日、ボーッとしていよう」

「今日は、一日、パジャマのままで、ダラダラ過ごそう」

「今日は、朝から晩まで、布団の中で過ごそう」

というふうに、「何もしない」ことを「する」時間が不可欠です。

そうやって、「もったいない」と感じる時間を大事にして、自分を〝もっと、もっといたわる〟ことができれば、自然と、厳しい生き方から遠ざかっていくでしょう。

考え過ぎると困難さが増すだけ

考え過ぎて疲れたという経験は、誰にでもあることでしょう。特に、興味のないことや嫌なことを考えていると、余計に疲労感が増すと思います。

逆に、自分にとって興味のあること、楽しいことを思考しているときは、いつまでたってもなかなか疲れないものです。

つまり、思考の内容によって、疲労度が全く異なるということです。

それだけではありません。実は、思考することで、どんな心理状態でもつくり出すことができます。

それが事実とは異なるとしても、相手が悪いと考えれば、実際に腹が立ってきます。繰り返しそのことを考えていれば、やがて憎しみが湧いてきて、仕返ししたくなるかもしれません。

逆に、自分が悪いと考えれば、罪悪感を覚えたり、自分を罰したくなったりするでしょう。自分に自信が持てずに、

「もし、失敗したらどうしよう」

などと考えれば、不安が生まれます。

「自分の意見を否定されたら、どうしよう」

などと考えれば、恐れが生じるでしょう。

こんなふうに、ネガティブな思考をすれば、いくらでもネガティブな感情をつくり出すことができるのです。

何かトラブルを抱えたときにも、それをネガティブに思考していけばいくほど、そのトラブルが、非常に複雑に入り組んでいるように感じたり、自分の行く手を阻む大きな問題であるかのように感じたりするようになるでしょう。もちろん、その複雑さや大きさは、自分が勝手に思考でつくり出したものなのです。

「無駄な考え」で疲れないためのレッスン

ネガティブな考えが全て悪いと言っているわけではありません。悪い結果を想像するのは、危険回避に必要なことです。逆に、安易なポジティブ思考は、不必要に危険な目に合ったり、人を傷つけたりしてしまうでしょう。

ネガティブなのが悪いのではなく、ネガティブな考えばかりを延々としてしまうのが良くないと言いたいのです。そんな状態に陥っているときは、どんなに一生懸命に思考しても、解決方法を見いだすのは困難です。

たとえば、みんなが、「海」について楽しそうに話しているとしましょう。その中で、自分だけが海を見たことがないとしたら、どんなにあれこれ考えても、「見たこともない海」のことがわかるわけはありません。

どんなに考えても、疲れるだけというのは、この「見たこともない海」ついて考えることと似ています。

他者中心で生きている人たちが、自分中心で生きることの意味を理解できないように、知らないことはわからないし、できないのです。けれども、知らないからといって、それは「頭が悪い」ということではありません。

知らないことは、できない――。ただ、それだけです。

単に知らないだけなのですから、知りたいなら、実際に、海を見に行けばいいだけです。

ですから、考えても考えても、解決の糸口さえつかめずに、堂々巡りの思考に嵌《は》まりそうになったら、

「あ、今、無駄な思考をしているな」

と気づくことです。そして、

「考えても、答えが出るわけではない。これ以上思考しても、無駄な思考で疲れるばっかりだ」

と呟くだけで、疲弊してしまうだけの思考を止めることができるでしょう。

そうやって、いったん「無駄な思考」が止まると、

「そうか、じゃあ、海に行こう」

というふうに、自分の気持ちに寄り添った、具体的な解決方法が浮かびやすくなるのです。

「今の感情」をいたわるだけでいい

「できない自分」を責めるのは逆効果

私たちの周囲には、自分を否定する材料があふれています。社会の中で生きて

いれば、「自分を否定する」言葉が無数に転がっています。

たとえば、

「健康のために、三度三度、しっかりと食事をとりましょう」

という至極当然とされている言葉にしても、これを、

「健康のために、三度三度、しっかりと食事を〝とらなければならない〟」

と解釈したら、自分に強制することになるでしょう。

そして、その「三度三度」ができなければ、

「今日は、実行することができなかった」

「今日も、実行できなかった」

というふうに、そのたびに自分を否定したり、

「三度三度とっていないから、自分は不健康だ」

と思い込んだりするようになるとしたら、それが良いことであったとしても、

「諸刃《もろは》の剣」と言えるのではないでしょうか。

へりくだることで相手を傷つけている

「謙譲の美徳」と言われるように、古来、日本では、自分からへりくだることを尊ぶ考え方があります。

愚妻、愚息、愚兄、愚姉、愚弟、愚身、愚生、愚拙、愚作、愚筆といったように、辞書を見れば、「愚」のつく言葉だけでも、自分自身や自分の身内をへりくだる表現はいくらでも出てきます。

もし、親が人前で平然と「愚息」といった言葉を遣っていたら、それを聞いた当の息子はどんな気持ちになるでしょうか。こんな言葉を日常的に聞いて育てば、自己評価が知らず知らずのうちに低くなっていくでしょう。

他者を尊重し敬意を払うことと、自分を低くおとしめることは違います。自分をおとしめなくても、他者を尊重し敬意を払うことはできるのです。仮にへりくだることがほんとうに美徳だとしても、少なくとも、私はカウンセリングの中で、

「親に、人前で、自分のことを平気でけなされたことが、今でも忘れられない」

「私が隠しておきたいことを、親が平気で近所の人に喋ったことが許せない」

「私だけが、兄弟姉妹の中で馬鹿にされてきた」

というように、そのことが、心の痛みとして残っている人を数多く見てきました。大人たちはへりくだることが社会常識だと思っていても、それを日常的に言

われて育った子どもは、自分は人よりも劣った人間だと思い込んでいくでしょう。

「自己否定」の呪縛から逃れるには

私たちの周辺には、自己否定を誘発させるような材料がたくさん転がっています。

自己評価を下げさせるようなしつけや教育も少なからず横行しています。過去に、同級生や同僚からマウンティング(自らの優位性を示す行為)をされたという経験がある人も多いでしょう。

大げさな言い方になりますが、私たちはこの世に生まれ落ちた瞬間から、自分を低く見させたり、否定させたりするような社会環境の中で育ってきているのです。

どんなに自己肯定できる自分になりたいと願っても、すでに私たちの意識の底には、おびただしい数の「自己否定」の記憶と傷が降り積もっています。

そんな「自己否定」の呪縛から逃れ、自分を肯定できるようになるためには、他者中心の生き方を改めて、少しずつ自分中心の生き方に変えていくことが大事です。

自分中心の生き方ができるようになるにつれ、「自己否定」の記憶と傷も少しずつ癒されていくことでしょう。

自分を許すことから始めよう

負の感情を受け入れるレッスン

私たちは誰もが、知らないうちに、自分を否定する意識を蓄積させています。

自分を否定する意識が蓄積し、それを上手く処理できないと、自分に対して厳しい見方をしてしまうことが増えていくでしょう。

そうやって自分を否定すればするほど、「厳しい人生」になっていきます。

繰り返しになりますが、そこから抜け出すには、まずは「自分自身を認めてい

く」ことが重要です。

たとえばあなたが、ある人に対して憎しみを覚えたとしましょう。

そんな自分を受け入れるためには、

「そうか、今、憎しみを覚えてしまうような気持ちになっているんだね」

と、自分の今の心を認める言葉を、自分に投げかけましょう。

自分が今、泣きたい気持ちになっているのであれば、

「そうか、今、泣きたい気分になっているんだね。そうだよ、ずっと我慢してきたんだから、無理ないよ。泣きたいときは、思いっきり泣いたほうがいいよ」

「そんな気持ちになるのは、無理ないよ。当たり前だよ。だって、一生懸命努力したんだから。精一杯やったんだから」

こんなふうに自分の心に寄り添った言葉を自分に投げかけてあげられたなら、心が安らぐのではないでしょうか。

これが、「自分の感情」を認めるということです。

こんなふうに、「心が軽くなる。ほっとする。安堵する。心が安らぐ」といった気持ちになった瞬間が、「自分を認められた」ということなのです。

どんな場合もまず「自分の、今の状態」を認めることが先決です。

自分の「今の感情」や「今の状態」を受け入れる。

自分の心に寄り添う。

自分の心に沿った言葉を自分に投げかける。

自分をいたわる。そして、

「今のこんな状態の私が、私なんだ」

と、心から言えることが、「自分を肯定する」ということなのです。

気持ちが変われば行動も変わる

まずは、自分を許すことから始めましょう。

嫌な気分になったり、弱音を吐きたくなったり、相手を責めたくなったりしてもいいのです。心の世界は自由です。

怒りや憎しみや悲しみといった感情を自分で否定していたら、ただでさえ苦しいのに、さらに自分で自分を追い詰めることになってしまいます。気持ちを否定して押し込めることでストレスが溜まり、かえって気持ちが暴れ出してしまう場合もあるでしょう。

かといって、「思ったことは全て実行に移しなさい」というわけではありません。ただ、ネガティブな気持ちを抱いている自分を許し、認めてあげること。それがどんな自分であっても「肯定する」ということです。これも、自分を愛することの一つです。

自分に厳しい人の中には、「そんなことは自分には絶対無理、できません」と言う人もいることでしょう。だからといって、「自分を許せない、自分はダメ人間だ」などと思う必要もありません。

「今は、自分の気持ちを受け入れることができないんだなぁ」

くらいでいいのです。今はまだ自分を許せないとしても、そんな自分を認めてもいいのだということを知っただけでも大きな前進なのですから。

「自分の気持ちを許したところで、気分はラクになるかもしれないけれど、状況は何も変わらないじゃないか」

と言いたくなる人もいるかもしれません。しかし、それは違います。気持ちが変われば、確実に自分の言動も変わります。ほんのちょっとの変化かもしれませんが、その小さな変化が、状況を好転させていくきっかけとなるのです。

第4章

他者の言い分より、自分の「感情」を大切にする

★相手に遣った言葉で自分も傷ついていませんか?

一つひとつの自分の感情を大事にしよう

いつも迷ってばかりなのはなぜ？

何をするにも、いつも迷ってばかりいて、

「自分の気持ちが揺れて、なかなかスッキリと決めることができません」

と言う人たちは少なくありません。


そんな人たちは、決めるときだけでなく、実際に決めてしまってからも、

「これで良かったんだろうか。間違っていないだろうか。もし間違って、悪い結果になってしまったらどうしようか」

などと悩み続けます。


そんな迷いが高じれば、自分に厳しい人ほど「約束しても、決めた時間に遅れてしまう」「自分の言ったことを守れない」「自分が決めたことでも守れない」「責任を果たすことができない」「計画を立てても、途中で挫折してしまう」といっ

たことが起こってしまいます。

でも、そんな人たちも、決して努力していないわけではありません。むしろ、気持ちの上では「こんどこそ、守れるようにしよう」と必死ですが、守れない理由がわからないために、間違った努力をしているのです。そして、

「やっぱり、ダメだった。また、同じことをしてしまった。私は何をやってもダメなんだ」

などと、後悔したり、自分を責めたりしています。自分に厳しい人ほど、そんな自分に手を焼いて、うんざりしているかもしれません。

では、どうして迷ってしまうのでしょうか。あるいは、どうして約束を守れないような事態になってしまうのでしょうか。

大きな理由の一つは、自分の「気持ちや感情や欲求」を無視しているからです。

「思考」で問題は解決しない

たとえば人と会う約束をするとき、気乗りしないときであっても、

「断ると、後で関係が悪くなるかもしれないぞ」

という恐れを抱いたり、

「つきあっておかないと、情報がもらえない」

「つきあっていたほうが、メリットがありそうだから」

などと考えたりしませんか。

このとき、自分の気持ちを優先できる人は、「気乗りしないとき」には断ることができます。けれども、自分に厳しい人たちは、自分が何かを判断して決めたり選択したりしようとするとき、主に自分の「気持ちや感情」よりも、自分の「思考」に囚われて、その思考の判断に従おうとします。

それは、自分の自信のなさを、思考によってカバーしようとするからなのですが、そうやって、思考でメリットや損得を基準にして判断しようとすることが、迷いを生んでいるとも言えます。

もちろん、どんなに適切だと思われる思考に従ったとしても、自分の感情がそれに同意していなければ、良い結果は期待できないでしょう。なぜなら、これまでも強調したように、どんなに「しなければならない」と頭で考えたとしても、心が拒否していれば、自分の無意識は、自分の思いを遂げようと動くからです。

たとえば嫌いな相手に対して、自分の心を偽って表面的にいい顔をしたとしても、ふとしたときに、その「嫌い」という思いが態度や言動にあらわれてしまいます。自分自身の心を偽って自分の思いを抑えたり隠したりしていても、次第に我慢できなくなることは誰でも経験しているのではないでしょうか。「不平不満が募る」とは、こういうことです。

「感情のもつれによる」事件がニュースで語られない日がないように、最後まで、自分の心をコントロールし、ごまかし通すことは非常に難しいことなのです。

自分に厳しい人は唐突に怒り出す

もともと自分に厳しい人たちは、自分を厳しく扱うことに慣れてしまっているために、感情を強く抑えていても、それに耐えることができます。過酷な扱いや劣悪な環境を強いられても、慣れているので、黙って従ってしまいます。自分が自分の心をごまかしているという自覚すらないほどに、他人から厳しく扱われても平気です。とりわけ、自分の怖い相手に対しては、蛇に睨まれた小動物のように萎縮して、唯々諾々《いいだくだく》と従います。

もっともそんな〝慣れ〟は顕在意識でのことであって、自分の無意識まで平気ということではありません。むしろ、自分の心をごまかしていることを自覚できていないからこそ、無意識のところでは、非常に傷ついていると言えるでしょう。

自分に厳しい人は、唐突に怒り出したりしがちですし、また、その怒り方の激しさも半端ではありません。それは、傷みの蓄積が飽和状態に達し、何らかの出来事をきっかけとして、一気に噴き出すからなのでしょう。

その後で、冷静になったとき、

「どうして、あんな他愛もないことで怒ってしまったのだろう」

と反省したり、取り返しのつかない結果となってから慌てる人もいるでしょう。反対に、これまでの努力や信頼を一気に破壊してしまうほどの勢いで怒鳴っても、翌日には、何事もなかったかのように平然としている人もいます。

いずれにしても、自分に厳しい人は、人間関係においてそうであるように、人生そのものも決して平坦ではありません。

自分の一つひとつの感情を受け入れる

自分の気持ちを優先すれば楽になる

自分に厳しい人たちは、なかなかスッキリした決断ができないだけでなく、自分の人生を自ら厳しくしていきます。他人が自分の人生を厳しくさせているわけではなく、厳しい生き方に慣れてしまっているので、自分では気づかないまま、自分の人生が厳しくなるような選択をしてしまうのです。

自分に厳しい人は、一見「強い人」のように見えます。

険しい表情やその言動が「強さ」に見えることもあるでしょう。しかしそれは、うわべでのことでしかありません。実際には、自分の厳しい環境や生き方が当たり前のようになってしまっていて、「自分の気持ちや感情や欲求」を優先できずに生きている姿がそこにあります。

「でも、そんな人ほどすぐふくれたり、感情的になったり、怒鳴ったりするんだから、自分の欲求を優先していると言えるんじゃないでしょうか」

と言った人がいます。

確かに、そういうふうに見えがちです。

けれども彼らは、いろいろな場面でこんなふうに考えています。

「面倒なことが起こるから、相手に従っておこう」

「嫌われるのが怖いから、つきあっておこう」

「揉めたくないから、ここは黙っておこう」

「傷ついたけれども、争いたくないから、我慢しよう」

あるいは、

「自分がこんなふうに譲ったのだから、相手も同じように譲るべきなのに、そうしないのは失礼だ」

「こんなに気を遣っているんだから、それに気づいて、相手はお礼を言うべきだ」

などと、相手とのことを一方的に憶測しては頭の中で会話をしています。

しかも、そんな憶測の大半が正確ではありません。

自分が断ったからといって、面倒なことが起こるかどうかわかりません。

つきあいを断ったからといって、嫌われるかどうかもわかりません。

意見を言ったからといって、揉めるかどうかはわかりません。

けれども多くの人が、自分の経験則によって、「そうなるかもしれない」と憶測し、「だから〜しよう」というふうに考えます。この「だから〜しよう」という判断には、自分のほんとうの気持ちが前提として隠れています。

たとえば先の、

「傷ついたけれども、争いたくないから、我慢しよう」

「自分がこんなふうに譲ったのだから、相手も同じように譲るべきなのに、そうしないのは失礼だ」

という例で言えば、前者では、自分の「傷ついた気持ち」が前提としてあります。後者では、「譲りたくないという欲求」があります。

自分に厳しい他者中心の人は、こんな「傷ついた気持ち」や「譲りたくないという欲求」を優先していいと思っていません。だから、自分の気持ちを抑えきれなくなって、「感情的になったり、怒鳴ったりする」して爆発させてしまうのです。

一方、自分の心を認められる自分中心の人は、これらの気持ちや欲求を大事にしようと思うでしょう。

たとえば、自分がある人に親切にしても相手がそれを受け止めてくれずに傷つ

いたとしたら、自分自身が、

「好意でやったけれども、自分が傷つくのであれば、やめよう」

と決めることができます。

相手のためにと思って譲っても、自分自身に不満が残るのであれば、「譲ることをやめよう」と決断することができるのです。

自分の「小さな感情」を無視しない

自分に厳しい人たちは、自分の気持ちを認めることができずに生きてきています。「自分の気持ちを優先していいんだ」という生き方をしてきていません。

これまでの生き方が、「～に従うべきだ」「～すべきだ」になっているために、自分の気持ちをつかめないでいる人たちが圧倒的多数です。

中にはまったく自分の気持ちに気づかずに、全て素通りさせてしまっている人たちもいます。

たとえば、0から100までのレベルの感情があるとすれば、1レベルの感情の一つひとつに気づいて、その感情を解消できるようにすれば、感情が溜まるということはないでしょう。けれども、自分に厳しい人たちは自分の感情に鈍感になっているために、1レベルの感情には気づかずに、70、80レベルに達して初めて気づきます。つまり、そこに至るまでの分だけ、自分を傷つけていることになります。

その傷ついた感情の蓄積が飽和状態になったとき、「腹を立てる」「怒鳴る」といった言動になってしまうのです。

こうした感情の暴発を防ぐには、厳しい生き方に慣れてしまっている人ほど、まずは、もっと自分の「小さな感情」に気づくことが大事です。

そして、自分のそんな一つひとつの感情を受け入れて、可能な限り自分の心に寄り添い、そんな欲求や願いを叶えてあげることが必須なのです。

相手の言葉にグサッとくる心のメカニズム

「その言い方が許せない」という人たち

他者中心の人たちは、他者の言動にとても敏感に反応します。

とりわけ、相手の心よりも、相手の「言葉」を拾い上げます。しかもその大半が、相手のポジティブな言葉よりも、〝私〟を「否定した」「拒否した」「馬鹿にした」「責めた」と感じたときのネガティブな言葉に反応します。

もちろんその中には、勘違いも少なくありません。

相手が善意で言ったことでさえも、「自分への批判や批難」と受け止めてしまうこともあります。

自分に厳しい人たちの多くは、子どもの頃に非常に乱暴に扱われて、自分の気持ちを斟酌《しんしゃく》する暇もないほど、一方的に支配者ともいうべき相手に無条件で従うように育てられてきました。そのために、自分にとって支配的な立場にある相手には、恐怖心から萎縮して、自分の気持ちを顧みる余裕もなく、自動的に従ってしまいます。

その一方で、自分よりも弱者と見れば、自分がされてきた過去の恨みを晴らさんばかりの勢いで、その相手を押さえ込んだり攻撃したりしがちです。

ある女性が言いました。

「仮に相手の好意的な気持ちは理解できたとしても、その言い方は許せない、と思ってしまうんです」

なるほど、それも一理あると思いました。

確かに、相手の善意と言葉の遣い方とは別の話です。

相手の気持ちに善意や好意があって、実際にそれを感じたとしても、それを表現する言葉の遣い方が乱暴であれば、その言葉に傷つくこともあるでしょう。

けれども、相手の気持ちと、その言い方のどちらのほうにより反応するかで、受け取り方は異なるでしょう。

果たして、相手の善意や好意といったポジティブな気持ちを感じたときに、「相手の言い方が許せない」となっていくでしょうか。

「心」のセンサーの感度を高めよう

私（筆者）の見解としては、相手の言い方ひとつで相手のことを許せなくなってしまうのは、言葉に反応するセンサーよりも、相手の心に反応する自分自身の「感覚のセンサー」の感度が低いからではないかと思っています。とりわけポジティブな感覚のセンサーの感度が低いと、相手の好意や善意の気持ちに共感する割合も低くなってしまうでしょう。

たとえば、相手が心配して、

「やめろよ、そんなバカなことは！」

と、相手が言ったとしましょう。

言葉の遣い方は、文字だけにすると乱暴です。

このとき受け手が、言葉のほうに焦点を当てるのか、それとも、心のほうに焦点を当てるのか、いずれかによって、聞こえ方、感じ方も異なるでしょう。まったく正反対の受け止め方をする可能性もあり得るのです。

自分の意識が言葉のほうに集中していれば、自ずと「心を感じる」感度は機能的に低下します。

逆に、自分の意識が「心を感じる」ほうに集中していれば、相手が言った言葉よりも、心を感じることのほうが優ります。ですから、

「やめろよ、そんなバカなことは！」

と言われると、ネガティブな言葉に敏感な人は、即座にその「バカ」という言葉にセンサーが反応して、

「私をバカ扱いするのは、許せない！」

と腹を立てるでしょう。

一方、相手の心を感じるセンサーの感度が高ければ、

「この人は、私のことを心から心配してくれている」

「自分のために必死になってくれている」

と、相手の心をしっかりと感じて、自分の中にポジティブな気持ちが広がり、

「心配してくれて、ありがとう」

と感謝の言葉を口にしたくなるでしょう。

同じ言葉も受け止め方で変わる

たとえば、私たちは目を閉じていても、ロボットが人間そっくりの声で「好きです」と言ったときと、自分を愛してくれている人が「好きです」と言ってくれたときの違いを、肌で感じ取ることができます。

それは、「好きです」という同じ言葉でも、「心」に焦点を当てれば、両者の違いをはっきりと感じ分けられるからです。

それだけではありません。

言葉の受け止め方は、意識がどちらに向いているかでも違ってきます。

自分の意識が外側に向いていれば、自分の心を感じることができません。これを本書では「他者中心」の意識と呼んでいます。

自分の意識が自分に向いていれば、自分の心を感じることができます。これを本書では、「自分中心」の意識と呼んでいます。

他者の言葉に敏感な他者中心の人は、他者の言葉によって傷つきやすいという面があるだけでなく、自分が受け止める、その言葉の受け止め方によっても傷ついてしまうのです。

「ひどい言葉」は相手も自分も傷つける

自分が傷つく言葉を、相手にも遣っている

相手の言葉に「敏感に反応して傷つく人」は、その言葉を、ほぼ確実に、自分も「他者を傷つける言葉」として遣っています。

もちろんそれは、自分が意図して遣っているというわけではありません。

たとえば、相手から、

「こんなことさえできないんだったら、社会人としてやっていくのは難しいよ」

と言われると、この〝さえ〟という言葉に敏感に反応し、自分の能力を全面否定されたように感じ、未来を遮断されてしまったかのように傷つくでしょう。あるいは〝さえ〟という一言を被害者意識的に捉えて、

「あいつに、自分の未来を閉ざされてしまった」

などと相手を恨み始めるかもしれません。

では、この〝さえ〟という言葉を、自分自身が遣っていないかと言ったら、実際には他者に対して、

「こんなことさえわからないなんて、呆れてしまうよ」

というふうに遣っていて、ただ遣っていることに自分が気づいていないだけ、ということが非常に多いのです。

「こんなこともわからないようだったら、別の仕事を考えたほうがいいんじゃないですか」

と、一見やさしい言い方にアレンジしたとしても、相手を傷つけるその言い方は変わりません。

「相手を傷つけないように」と苦慮したとしても、もとより適切な言い方を知らなければ、どんなにアレンジしたとしても、結局は、自分が学習した言い方の範囲から出ることはありません。自分の育った環境の中で学んでいないことは、知りようがないのです。

また、どんなに言葉をアレンジしたとしても、生き方が他者中心になっているため、自分の意識がいつも相手に向かっていれば、「あなたは」「お前は」「君は」という言葉から始まってしまいます。

他者に対するポジティブな意識が自分の根底にあれば、

「あなたは素晴らしい人だ」

「あなたが大好き」

「あなたと話ができて、嬉しかった」

といったポジティブな言葉がなめらかに出てくるでしょう。しかし、自分の根底に、他者に対してネガティブな意識が強ければ、どうしても、「あなたは」「お前は」「君は」という言葉の次にくるのは、

「ここが間違っている」

「ここが悪い」

「それができていない」

というふうに、相手を否定する言葉となってしまいがちなのです。

発信元は自分だった?

にもかかわらず、本人自身は、「相手を傷つける言葉」を自分も遣っていると気づいていません。

ほんとうは、自分が最初に「相手を傷つける言葉」を言った発信元であったとしても、それに気づかずに、「相手に傷つけられた」と思い込んでいる人も少なくないのです。

それだけではありません。

自分に厳しい人は相手の言葉に敏感に反応して傷つくだけでなく、自分自身の遣う言葉によっても傷ついています。

たとえば自分が、他者に向かって、

「馬鹿ヤロー！」

と感情的になって怒鳴ったとしましょう。

このとき実際に怒鳴っているのは自分自身ですが、無意識のところでは、同時に、かつて自分が「馬鹿ヤロー！」と怒鳴られている場面を想起していて、今の場面と過去のその場面とが重なっています。そのために、怒鳴ることで、二重、三重に自分を傷つけることにもなるのです。

つまり、こういうことです。

・かつて誰かに（多くは家族関係で）言われて何度も傷ついた。
　　　　↓
・自分もその言動をしっかりと学習していて、知らないうちに「同じ言葉」を相手に遣っている。自分の言ったその言葉は、自分の過去と重なっていて、さらに自分を傷つけることになる。
　　　　↓
・その言葉を遣うことで、相手との関係が悪くなれば、それによって再び傷つくことになる。

自分に厳しい人の悪循環

実は、「相手を傷つける言葉」の影響はそれだけでありません。

自分の言った言葉は、どんな言葉であれ、自分の心と身体に響きます。

たとえば、

「いつも力になってくれて、ありがとう。感謝しています」

という言葉を、声を出して言ってみてください。

どんな気持ちになりますか。

気分はどうでしょうか。

身体は、どんなふうになりますか。

実際には、これは相手に向けて言う言葉です。けれども、その言葉を言っている自分自身の心がほのかにポジティブな気分に満たされ、身体も、肉体的に緩みます。

では、これはどうでしょうか。

「ふざけるんじゃないよ、この馬鹿ヤロー！」

と、大声で怒鳴ってみてください。

どんな気分になりますか。

身体は、どんなふうになっているでしょうか。

こんな乱暴な言葉で心が満たされることは決してありません。感情を爆発させることで、時にはスッキリすることもありますが、繰り返し遣っていれば、後味の悪さだけが残ります。

また、その言葉そのものが、肉体的に緊張をもたらします。こんな乱暴な言葉を絶えず遣ったり心の中で呟いたりしていれば、肉体は絶えず緊張を強いられるので、健康的にも決して好ましいとは言えないでしょう。

こんなふうに、自分に厳しい人は何重にも自分を傷つけながら、さらに茨の道へと進んでいくのです。

ポジティブな感性を育てよう

ネガティブな繊細さが相手を傷つける

自分に厳しい人たちは、自分の心をいたわり、自分を尊重することを知りません。それは、「自分に厳しくする」ことに慣れてしまっているからですが、厳しい状態に慣れてしまうと、自分をいたわる心の感度も確実に鈍感になっていきます。

絶えず他者と勝ち負けを競っている人たちは、その闘争心から、自分の傷ついた心を救う暇もありません。

たとえば、こんな例が典型です。

スーパーで、客Aが、ある商品を買おうと思って手元の棚の上に置いて確保した上で他の商品を探していました。すると、その商品を、客Bがそれと気づかずにレジに持って行こうとしました。

そのときすぐに、

「あ、それは、私が買おうと思って、そこに取り置きしておいたものなんです」

と言えば、済むことです。

客Bが常識的な相手であれば、

「あ、そうだったんですか。失礼しました。ごめんなさいね」

で終わってしまうでしょう。

けれども客Aは、客Bがどんな相手であるかにも気づいていません。その状況や相手の人となりを察知することができない客Aにとっては、誰もが「自分を傷つける敵」と見えてしまうのです。自分に厳しい人たちの多くが、このように、他者の個性を感じられない鈍感さを抱えています。そのために、

「人のものを黙って取って行くなんて、あんたは泥棒かッ！」

と金切り声で怒鳴ってしまうのです。

怒ることで心の傷は癒えない

確かに本人が、自分が確保しておいたつもりのものを持って行かれそうになって驚いたのは理解できます。

けれども、「怒鳴って罵る」ことで、相手を傷つけています。

しかも、この場合、衆人環視の中で、客Bを怒鳴ってしまっています。

「傷つけた」という意味では、客Aは、自分の何十倍、何百倍も客Bを傷つけたと言えるでしょう。

また、客Aの意識は、「傷つけられた」というところに焦点が当たっているので、相手を怒鳴っても溜飲が下がらず、傷が癒えることもないでしょう。

大勢の人がいるスーパーの中で怒鳴れば、周囲の人々も何事かと驚きの眼で客Aを見るでしょう。中には、否定的な視線を送る人もいるでしょう。

「悪いのは相手なのに、どうして私が、他人からこんな目で見られなくちゃならないんだ！」

とばかりに、周囲の「白い眼」にますます傷つき、敵を増やし、いっそう被害者意識に凝り固まっていくという悪循環に嵌まっていくでしょう。

とりわけ他者中心の思考に囚われている人は、言葉に敏感であるために、ひとたび考え始めると、相手も自分も、とことん追い詰めていきます。

もとより厳しさに慣れているために、攻撃するとなると歯止めがきかなくなり、相手も自分も徹底的に打ちのめすまでやめられなかったりと、感情の動きが極端です。

自分に厳しいと自分の心をいたわることができない

この話は極端な例かもしれませんが、

「そのときは確かに傷ついて、激しく動揺したり怒ったりしてしまったが、後から考えたらそこまでのことではなかったように思える」

くらいのことであれば、誰でも心当たりがあるのではないでしょうか。

では、どうして、こんなひどく傷ついて、感情的になってしまうのでしょうか。

実はこれもまた自分に厳しくし過ぎた結果として起こる問題の、典型的なパターンのひとつなのです。

自分に厳しい人たちは、自分を尊重することを知りません。

なぜなら、「自分に厳しくする」ことに慣れてしまうと、自分の心をいたわることができなくなってしまうからです。

いつも自分に厳しくしていると、苦しいことが日常的になってしまいます。しかし、人間の心は、そんな状態にいつまでも耐えることはできません。

そのため、苦しいという自分の気持ちから無意識のうちに目を逸らすようになります。

そしてそうやって自分の気持ちを無視するたびに、次第に自分の気持ちを感じる感度が鈍くなっていってしまいます。

しかし、自分の気持ちに鈍くなったところで、ストレスやその原因が消えてなくなるわけではありません。

しかも、自分で自分のストレスに気づきにくくなっているので、ストレスの解消や原因の解決も難しくなってしまっています。

その結果、自分に厳しい人たちのなかには、自分でも気づかないうちに限界ギリギリまで傷ついてしまっている人が少なくありません。もう限界寸前なので、小さなことに思えるようなことでも大きく傷つき、ときには逆上して感情的になってしまうのです。

では、どうしたらこのような状態を解消できるのでしょうか。

それには、まず、自分が「自分に厳しい」ということを自覚しましょう。そして、もっと自分の心に寄り添い、ポジティブな感覚や感情の感じ方の感度を取り戻すことです。

ポジティブな自己肯定感を持つ方法

ポジティブな感性を育てたり伸ばしたりするには、やはり社会環境の「豊かさ」が重要です。

美しい緑と自然に囲まれた環境、長閑《のどか》でゆったりとした社会生活、ほのぼのとした人間関係といった人間らしい環境があれば自然と育つものです。

そんな生活の中にこそ、満足や幸せや充実感があります。

けれども、今の社会にあっては、環境そのものがどんどん人工的になっていて、ポジティブな感性を育てることが難しくなってきています。

昔だったら意識せずとも育っていたものが、いまやポジティブな感性は自覚して育てていかないと低下するばかり、という環境となってしまっています。

電子機器に囲まれ、どんなに社会が便利になっても、それでポジティブな感覚や感情が育つわけではないのです。

ポジティブな感覚や感情を失くしてしまえば、そこには、満足も、幸せも充実感も、喜びも嬉しさもありません。

たとえばあなたが、ポジティブな経験をしてそれを実感しているとき、どんな状態になっているでしょうか。

ポジティブな気分に浸って、それを味わっているとき、自分を否定しているでしょうか、それとも、自分の感じるままに身を任せているでしょうか。

言うまでもありませんね。

私たちがあるがまま、感じるがままにポジティブな感覚に浸っている、そんなときは、ポジティブな感覚を味わっている自分を丸ごと受け入れています。まさにこの状態は、「自分を肯定している状態」であると言えるでしょう。

ですから、ポジティブな感性が育てば育つほど、「自己肯定」感も高くなっていくのです。

言い換えると、こんなポジティブな実感の積み重ねこそが、「自己肯定」の源泉とも言えるのです。

第5章

自分を好きになれる簡単な「自己肯定」方法

★「こうでなければ」という考え方を今すぐ捨てよう!

自分の無意識はウソをつかない

自分に厳しい人が大嫌いな言葉

自分を肯定するためには、「自分と向き合う」ことが基本となります。

でも、自分に厳しい人たちは、この言葉を耳にしただけで、顔を背けたくなってしまうのではないでしょうか。

なぜならそれは、向き合いという意味を、

「自分の悪いところを直視しなければならない」

「自分の醜いところや恥ずべきところ、隠しておきたいところ、自分の不適切なところを直視して悔い改めなければならない」

こんなふうに解釈しているに違いないからです。

もちろん、そんな厳しさで自分と向き合えば、激しい罪悪感が湧き起こって、自分の悪しきところ劣っているところを徹底的に糾弾し、断罪しないではいられなくなってしまうでしょう。

もしあなたが「自分と向き合う」という意味を、こんなふうに捉えているとしたら、それは「甚だしい勘違い」と言わざるを得ません。

自分を肯定できなければ、他者を肯定することは難しいでしょう。

「自分はダメでも、人の優れているところは認めています」

と言う人もいます。

しかしそれは、相手を肯定しているように見えても、決して、決して肯定していいるわけではありません。

なぜなら、相手を肯定しているその奥に、相手と自分を比較して、「自分は劣っている」という意識が潜んでいるからです。


自分と向き合う＝自分を否定する、ではない

自分に自信がない人ほど、迷うものです。

物事を損得だけの視点から判断しようとする人もそうでしょう。

どうしてでしょうか。

大きな理由の一つは、「自分の気持ちや感情を優先できない」からです。自分の感情より思考を優先したり、損得を優先したりしていれば、自分の心にそぐわないことをしてしまいます。

ところが無意識は、どんな場合でも、自分の思いのほうを優先しようとします。決して、自分の本心を偽り通すことはできません。

最近では、思考や損得に囚われ過ぎて、いつの間にか、自分の感情にすら気づけなくなってしまっている人たちも増えています。

こんな人ほど「自分と向き合う」ということを思い違いしているために、自分の心を直視できません。

自分に自信がないので、自分と真剣に向き合うと、自分がいかにひどい人間であるか、いかに劣っているか、どんなに無知であるか、その惨めさや屈辱に耐えがたくなると思っているからでしょう。

また、そうやって自分と向き合うことを恐れている人ほど、自分を否定しています。

否定するから、いっそう向き合うことを恐れるようになります。

「これもダメ、あれもダメ」

「これもできない、あれもできない」

などと、自分の劣っているところやできないところを一つひとつ具体的に挙げていって、自分を否定していくことが「向き合う」ことであるとしたら、怖くならないわけがありません。

さらには、「自分と向き合えない自分」を、責めたり否定したりして追い打ちをかけます。

そうやって、いっそう「自分を否定する」という悪循環に陥るとしたら、「向き合う」ことにどれほどの価値があると言えるのでしょうか。むろんそれは、価値がないというわけでなく、「向き合う」ということの「定義」が、そもそも間違っているからに他なりません。

自分を愛するために自分と向き合う

「自分と向き合う」ことの真の意味

「自分と向き合う」とは、自分と戦ったり、自分を否定してさらに傷つけたりすることではありません。

自分のダメなところ、劣っているところなどを探し出して、自分を責めたり糾弾したり、裁いたり、罰を与えることでもありません。

あるいは、「劣っている自分」を発見したら、そんな自分は、強制収容所に押し込んで、苦痛を与えながら矯正しなければならないということでもありません。あるいは、それを実行できない自分をさらに責めて否定する、ということでもありません。

そうやって自分と戦い、自分を否定し、罰したりして、自分を傷つけることが「向き合う」ことだと思っているとしたら、それは間違っています。

向き合うというのは、そういうことではありません。
「向き合う」ことの〝真の意味〟は、「自分を愛するために」ということであり、その目的のためにこそあるのです。

そこに、自分と向き合うことの意義があります。

こんな観点に立つと、自分がダメだと思うところは、実は、「自分を愛し足りない」ところなのだと言えるでしょう。

ネガティブな自分との向き合い方

自分中心心理学的言い方をすると、こうなります。

まず「向き合うこと」は、その行為そのものが、「自分を肯定すること」です。

なぜなら、自分を肯定しないと、自分を見ることができないからです。どんな自分であっても、それを肯定できれば、自分と向き合えます。

それは言い換えれば、自分を肯定しているところから生まれる「強さ」です。

自分と「向き合う」と、自分に対してダメだと思っているところや責めているところ、恥じているところ、罪悪感を覚えているところ、あるいは、他者や周囲や境遇や環境に不平不満を感じているところなどを、否が応でも自覚させられます。

そのとき、自分を「弱い人間」、「ダメな人間」と解釈するよりも、そんな自分を自覚し、受け入れることそのものが、自分を信頼している「強さ」であると解釈して欲しいものです。実際に、自分を受け入れると、ほのかな自負心を感じるはずです。

そうやって自分を受け入れると、「ネガティブな感情」を抱いている自分にも気づくでしょう。その中には、怒りや憎しみや恨み、嫉みや復讐心といった激しい感情もあるかもしれません。

一般的には、ネガティブな激しい感情を覚えると、なんとかそれを止めよう、抑えよう、無視しようなどと、さまざまな方法を試みがちです。しかし、その大半が失敗に終わるでしょう。なぜならそんな試みは、結局、自分自身を否定することになるからです。

前にもお話ししたように、「自分と向き合う」こととは、ほんとうは自分を肯定していく作業です。

自分を肯定していく作業を目的にしてこそ、激しいネガティブ感情を抱いている自分とも向き合うことが可能となるのです。

そんな過程で、もしあなたが、自分が抱く激しい感情を肯定するとしたら、自分に対して、こう言ってあげたくなるでしょう。

「そうかあ。そんな感情を抱いてしまうほど、耐えていたんだね。頑張っていたんだね。それはつらかったねぇ。大変だったねぇ」

さらには、そんな自分をいたわれるからこそ、

「そんな感情をずっと絶えず抱いていたら、つらいよねぇ。だったら、つらくならない方法を考えようよ」

というふうに、建設的な気持ちも芽生えてくるのです。

自分に真っ先にしてやるべきこと

自分と向き合って、自分を発見していく作業そのものが「自己肯定への行程」です。

自分から目を逸《そ》らせてしまうのは、自分の弱さや醜さを直視するのを恐れているからでしょう。言うまでもなくそれは最初から、自分を否定しているからです。

自分を否定していれば、最初から自分を責めたり罰したりしたくなってしまいます。

そうでありながらも、自分を責めることもつらい、罰することもつらい。さらには、そんな自分に唾棄《だき》したくなる、という悪循環になることを知っているから、向き合うことを恐れるのです。

もちろん、すでにお話ししたように、「向き合う」ことのほんとうの意味は、「どんな自分であっても、それを認めて受け入れること」です。

自分を否定したくなるその奥には、「そんな自分であってはいけない」という思いが横たわっています。そんな自己否定的な気持ちを、いったん排除してみましょう。そこには、どんな自分がいるでしょうか。

もし、いろんな否定的な出来事の奥に、「傷ついている自分」がいるとしたら、「傷ついている自分」を責めたり罵声を浴びせかけたりして、さらに傷つける必要があるのでしょうか。

大半の人たちが、自分に対して真逆《まぎゃく》な仕打ちをしています。

「傷ついている自分」がいるのであれば、そんな自分の心に寄り添い、自分をいたわることが、真っ先にすべきことでしょう。

「傷ついている自分」と向き合い、そんな自分を認められれば、自分を否定したり、糾弾したり、断罪したり、厳罰を与えたりするよりも、

「自分の心に寄り添ってあげたい。慰めてあげたい。勇気づけてあげたい」

というように、もっともっといたわることができるでしょう。

それができたとき、初めて、

「傷ついている自分を救うためには、どうしたらいいのだろう」

「もっと自分を愛するためには、どうしたらいいだろう」

という「自分中心」の視点から自分を見ることができるようになるのです。

繰り返しますが、「自分と向き合う」とは、決して、自分を責めたり罰を与えたり、自分をいたぶってさらに傷つけることではありません。

傷ついている自分を放置せず、自分の心を丁寧に扱って自分の思いや感情を受け入れ、そして、そんな自分を癒やすため、救うために向き合うのです。

つまり、

「自分を愛するために、向き合う」

自分と向き合うことの意味と意義は、ここにあるのです。

自分を知ることを最優先する

自分と向き合うことを恐れている人は、問題が起こっても目を逸らし、あたかも何もなかったかのように振る舞って見て見ぬ振りをしがちです。

いつまでも無事にやり過ごしていければそれでいいのでしょうが、実際はそうはいきません。

いろんな問題から目を背けていれば、もし、どうしても避けて通れないことが起こった場合に、どうしていいかわからなくなるでしょう。仮にそのとき初めて問題を直視せざるを得なくなったとしても、為《な》す術《すべ》もなく手をこまねいて見送るだけでしょう。

そうやって、自分の問題から目を逸らしたり、無関心を装ったりしているうちに、小さな出来事が大きな問題へと発展して、二進《にっち》も三進《さっち》もいかない状況に陥ってしまっている人たちも少なくありません。

自分と向き合うことを恐れている人たちが、そうやって何事もなかったかのように〝無関心〟を装うのには訳があります。

それは、そもそも問題を解決するための対処能力に欠けているからです。

ここが、自分と向き合うことを恐れている人たちの、最大の弱点です。

対処能力のスキルは、自分としっかりと向き合うことでしか育ちません。それを避けていれば、スキルも育ちようがないのは、言うまでもないでしょう。

対処能力がない。だから向き合うことを恐れて、無関心を装う。無関心を装って目を逸らすから、いっそう対処能力が育たない、という〝負〟の連鎖に陥ってしまうのです。

とりわけ自分の問題に対処するには、まず自分を知ることが最優先です。もちろんそれは、自分を否定するためではありません。もし自分の中に「自分を愛し足りない」ことがあって問題が起こっているとしたら、それをしっかりと検証して、

「どういう行動をとったら、自分を愛することができるのか」

を知るためです。そして、自分が納得できる、満足できる解決方法を知るためです。

自分を知らなければ、自分を守ることも救うこともできません。

自分が傷ついているとしたら、どうすれば自分の心に寄り添うことができるのか、自分の思いを叶え、満足できるのか、その方法を発見するために自分を知る、

ということなのです。

「自分を愛する」ための魔法の言葉

私たちの生き方を大きく分けると、ポジティブに生きようとするか、ネガティブに生きようとするかのどちらかしかありません。

人間関係も同様で、他者とポジティブな関わり方をするか、ネガティブな関わり方をするかのどちらかです。

昨今は、周知のように、競争原理に基づく社会構造のひずみがより拡大して、人間関係もネガティブなほうに比重が傾いています。

こうした社会にあっては、日々、自覚して自分を肯定していかないと、つい自己否定の雰囲気に染まっていってしまいます。

しっかりと自分と向き合い、自分の心に寄り添う決意をしなければ、自分を尊重することも、自己評価を高めることもできません。

ただ、「自分中心」になって、ひとたび「自分を愛するために向き合う」という決意を固めれば、自分を肯定していく作業は、それほど難しいことではありません。

むしろ、「こんなにあっさりとできてしまっていいのだろうか」と疑問を抱いてしまうほど、非常に簡単です。

それは、「ポジティブ」な感覚や感情の感じ方を〝実感する〟だけでいいのです。

あるいは、

「これができて良かった」

という言葉を、当たり前のように自分に意識的に投げかけるだけです。そして、その「良かった」という心の響きを実感し味わうことです。

そのプロセスが、自分を愛することであり、また、それが「自信」をつけるための作業であり、自分の価値を認めることにもなっていくのです。

自分をもっと好きになる簡単な方法

「こうでなければ」という考え方を捨てる

どこにも出かけたくない。
何もしたくない。
片づけるのが面倒。
ゴロゴロしていたい。
仕事をしたくない。
1日、自分がすべきと思っている日課の活動を何もしなかった。
食欲がない。

多くの人が、こんな自分を責めています。責めていることに気づかず、無意識のうちに責めている人もいるでしょう。中には、気づかないどころか、自分はポジティブ人間だと思い込んでいる人もいます。

でも、自分中心の「どんな自分であってもいい」という視点から見ると、どうしてそれがいけないんだろうと思いませんか。

一度、「～であらねばならない」という考え方を捨ててみましょう。そして、前記の事柄を再チェックしてみましょう。


どこにも出かけたくない。↓そうか。じゃあ、今日は家の中でのんびり過ごそうよ。

何もしたくない。↓じゃあ、何もしない日を、1日つくってみようか。

片づけるのが面倒。↓すぐにすることなんて、ないじゃないか。

ゴロゴロしていたい。↓疲れているときは、当たり前だよ。ゴロゴロしていようよ。

仕事をしたくない。↓それくらい心が疲れているんだ。じゃあ、少し休もうよ。

1日、自分がすべきと思っている日課の活動を何もしなかった。↓そうかあ。じゃあ、ゆっくりできて、良かったね。

食欲がない。↓じゃあ、無理して食べることないよ。

こんなふうに、自分にＯＫが出せるでしょうか。

「今日は何もしない」と決めてみる

自分を肯定できると、一般的には「〜しなくてはいけない」とされることでも、「それをしなくて良かった」と思えるようになります。さらに、「しないと決められて良かった」、「そんなふうに決められる自分が良かった」になります。

たとえば直近のことですが、私（筆者）がセミナーとカウンセリングの連続で多忙を極めていたとき、洗濯をして取り込んだ衣類を、数日間、椅子の上に置きっぱなしにしていたことがありました。衣類によって仕舞う場所がバラバラなので、それを面倒だと感じてもいました。

パソコンで原稿を書いているときに、その衣類に目をやって、どんな気持ちになるか確かめてみました。すると、すぐに立ち上がって仕舞うよりも、まだ、自分の仕事のほうを優先させたい、という気持ちのほうが勝っていました。

そして、自分の気持ちを尊重して、「今日は、（仕舞うのは）やめよう」と決められた自分を嬉しく思いました。なぜなら、そう決めることで、

「ああ、まだ、洗濯物を仕舞っていない」

という意識から解放され、すっきりと仕事に専念できる、その実感を心地よく感じることができたからでした。

そんな中で、予定の作業が思いの外はかどって、ぽっかりと穴が空いたように自由な時間ができました。言葉にすれば、

「あ、まったくフリーの時間ができた」

となるのですが、実際の私は、こんな思考さえ浮かばずに自然と椅子を立ち、てきぱきと洗濯物を片づけていたのでした。

現在の私は、細かいスケジュールで動いているために、イレギュラーな時間を設ける余裕がありません。ただし、休む時間もスケジュールの中に入っていて、そんな時間は、できる限り自分の心に寄り添えるように心がけ、「この時間は、他のことはしない」と決めています。

自分の「小さな変化」を喜ぼう

ハードな仕事環境で働いていると、突発的な出来事や精神的に大きなストレス

をもたらす問題が起これば、直ちに仕事が滞ってしまうでしょう。本来、もっと緩やかな日程を組むことが望ましいのですが、そうできない場合もあります。

ただ、仮に突発的なことが起こったとしても、自己肯定レベルが高ければ、自分の気持ちを尊重し、自分の心に寄り添って、何を優先し、何を捨てるべきかを決められます。

そんな選択ができるのは、「身体が忙しくても、心は忙しくない」心境でいられるからです。

私自身も、自分の中にこんな基準があることを、とても嬉しく思っています。

では、どうしたら、こんな心境になれるのでしょうか？

それは「心の自由度」と関係があります。

先の私の例では、「忙しいときに洗濯物を仕舞うかどうか」の話です。

それこそ大半の人にとっては「そんな些細なことは、どうでもいいじゃないか」と言いたくなるような例でしょう。

けれども、たかが洗濯物と思われるかもしれませんが、洗濯物に対する自分の考え方や言動は、元をたどれば自分の意識の根底から発するものであって、それは全てに影響を及ぼしています。

根本的な意識が自己否定的であれば、何に対しても、同じように自分を否定しようとします。反対に、自己肯定的であれば、何事にも、自己肯定的な発想や行動をとるでしょう。

これまで何度も述べているように、「～しなければならない」という意識で自分を縛っていれば、あらゆるところで、「～しなければならない」を自分の言動の基準とするでしょう。

「心の自由」に重きを置いている人であれば、どこにおいても、何に対しても「心の自由」を基準にして選択し、行動するでしょう。

自分の根本の土台にある意識が、表面的に一つの言動としてあらわれているに過ぎないのです。

ですから、小さな変化だけでも〝すごい〟ことなのです。なぜなら、それは根本の部分の小さな変化を意味するからです。

そしてまた、その小さな変化に気づいて、それを喜べることも、〝素晴らしいこと〟なのです。

自己肯定できる自分になるには、こんな小さなところから、自分の心の自由度を取り戻していけばいいのです。

自分を好きになる「きっかけ」はいくらでもある

この例のように、実は、自分を肯定するための〝種〟は、どこにでも無数に転がっています。

最近、カウンセリングで、自己肯定感というものがまったくわからないと訴える男性がいました。

その男性からはよくメールが届きます。

そこで私（筆者）は、会ったときにこう尋ねました。

「メールを書き終わったら、ホッとしませんか？」

「はい、確かに、そうですね。それはわかります」

「メールを送信し終わったときも、ホッとしませんか？」

「言われれば、そうですね」

実は、この「ホッとする」ときの実感に気づき、それを感じて味わうことが自己肯定感を育てていくのです。この男性は、

「なんだ、そんな小さなことでいいんですね！」

と、あっけにとられると同時に、とても納得できた様子でした。

もっと言えば、メールの文章を作成している最中でも、私たちは、遣う言葉によってさまざまな気分や感情を感じています。

好きと書けば、「好き」という気分が出ます。

嫌いと書けば、「嫌い」という気分が生まれます。

「嫌い」という言葉は、一般的にはネガティブな感情を想起しがちですが、「ああ、そうか。私は、この人が嫌いなんだ。そうだね、嫌いになる理由はあるものね。だったら、嫌いになるのも無理ないよ」

と、自分への気持ちを素直に受け止められれば、ポジティブな感情に変わります。

こんなふうに、自己肯定感を高めていくために最も手軽な方法は、自分の心と向き合って、その一つひとつを〝実感する〟、それだけでいいのです。

ポジティブな実感の貯金をしよう

五感で感じ、心地よさを味わう

自己信頼の大元は、満足感、充実感、幸福感といったポジティブな実感です。これは、言い換えれば、自己肯定感と同じです。ですから、ポジティブな実感の質の高さや量的な蓄積が、自己信頼を高めます。

先ほどのメールの例で言うと、

・メールを書き終えてホッとする ↓ その瞬間の感じ方を自覚して、実感し味わう

・メールを送信してホッとする ↓ その瞬間の感じ方を自覚して、実感し味わう

こんなわずかな瞬間を、自分の人生に加えるだけで、自分の意識の根底を変えることが可能となります。

たとえば、緊張をリラックスに変えれば、それだけ人生が変わります。お風呂でゆっくりと丁寧に五感を感じられれば、それだけで人生が変わります。

1日の始まりに、ゆっくりと、お茶やコーヒーを味わう習慣がつけば、それだけで人生が変わります。

身近にあるものは何でも、自己肯定の材料とすることができます。

また私ごとになりますが、最近、立て続けに生花をいただきます。家にも生花が絶えることがありません。

今活けてあるのはピンクと白のカサブランカです。

朝、仕事に出かける前に、華やかな花びらに顔を近づけ、無言の挨拶を交わします。ほんのつかの間、その華やかさに見とれ、かぐわしい匂いを体の隅々に行きわたらせます。

帰宅して玄関の扉を開けたときは、カサブランカの香りに迎えられます。誘われるように帰宅の挨拶をし、五感でカサブランカの存在を感じると、それだけで、心に優雅な気持ちが広がります。

自分の五感は、こんなふうに日常的に簡単に味わうことができるのです。

自室のパソコンの側には、大阪出張のとき知り合いの方からいただいたポプリを置いています。メールの返信をしたり原稿を書き進めているとき、ふと手を休めたり、身体を伸ばしたときに、その香りがほのかに漂ってきて、緊張した頭をほぐしてくれます。

他の場面でも、頭で考えるより感じることのほうに意識が向いていて、パソコンをいじっているときも力が抜けている心地よさを実感しているなど、確実に感じることの分量が増え、その感度の質も高くなっています。

また、こうしたポジティブな実感を〝貴重な時間〟としてゆっくりと味わえる自分にも、誇らしさを覚えます。それと共に、満足感や幸福感も確実に増えています。

どうして頭で考えるより感じることのほうが好ましいのか。

それは、ポジティブな実感の積み重ねが、同時に、自分が望む未来を構築していく方法でもあると、知っているからです。

一つが変われば、全てが変わる

どうしてポジティブに実感することが、望む未来をつくっていくことになると言い切れるのでしょうか。

それは、一つひとつのことに意識を向けて、五感や感情を自覚して〝実感し味わっている〟状態のとき、無意識下の世界で、こんなことが起こっているからです。

まず、「感じる」ということは、自分に意識を向けるという点で、他者中心から「自分中心になるトレーニング」をしているようなものです。自分を大事にするため、自分の望みを叶えるため、自分を守るためには、「自分中心」でいることが必須です。感じることで、「自分中心」になることが促されるのです。

また、「思考すること」と「感じること」を同時にすることはできません。思考に囚われてしまうと、感じることが疎かになります。反対に、「感じること」に焦点が当たれば、思考が止まります。ですから、「感じること」で、否定的な思考の連鎖や疲弊していく堂々巡りの思考をストップさせることができます。

さらに、ポジティブな実感をしている状態は、自分を肯定している状態であり、自分を信じている状態とも言えます。実際に、満足感、充実感、幸福感といったポジティブな気持ちに満たされているとき、その中に、自分に対する信頼感もあるはずです。だから、自分の感じ方を丁寧に味わうだけで、自己信頼を高めることができるのです。

それだけではありません。

自分の気持ちや欲求や感情にそぐわない生き方をしていると、顕在意識と無意識との間のギャップが広がっていきます。反対に、自分の気持ちや感情や欲求に適った行動をすれば、当然そのギャップが縮まってきます。顕在意識と無意識が一致していれば、それだけ自分の願いもストレートに叶いやすくなっていくのです。

多くの人たちが、「自分の気持ちがわからない」と訴えますが、実感する分量が増えていけば、次第に、自分の「快不快、好き嫌い、したい、したくない」といった感情や気分に気づく分量が増えていきます。

このように「実感する」とは、自分の目の前で起こっていることの一つひとつと、丁寧に向き合うということです。

これは同時に、一つひとつの問題と向き合うという意識を育てます。一つの大きな問題は、いくつもの小さな問題の寄せ集めであることが少なくありません。その一つひとつに向き合うことができるので、具体的な問題解決能力も高くなるでしょう。

こんなふうに、日常的に体験しているミクロな出来事は、その奥で、マクロの世界へと広がっています。だからこそ、実感の分量とその質は、自分の未来のための貯金となるのです。

前の項目で、私たちの生き方を大きく分けると、ポジティブに生きようとするかネガティブに生きようとするかのどちらかしかないという話をしました。

私たちの心の中にはポジティブな気持ちとネガティブな気持ちが、入れ替わり立ち替わり湧き上がります。ポジティブな気持ちに焦点を当ててポジティブな時間を増やすか、ネガティブな気持ちに焦点を当ててネガティブな時間を増やすか、それは自分次第です。

このポジティブとネガティブの分量は、合わせて100だと思ってください。

ネガティブの分量が増えれば、ポジティブの分量は減ります。

ポジティブの分量が増えれば、ネガティブの分量は減ります。

日々、ポジティブな実感をコツコツと増やしていく。それだけで、人生は大きく変わり、また「未来の保証」ともなるのです。

おわりに

私たちは知らずのうちに、「人生は厳しいものだ」と思い込んでしまっています。それは家庭環境だけでなく、社会環境や教育環境の中で、社会は「厳しいものだ」というふうに教え込まれ、深く自分に問うこともなく、疑問を抱くこともなく、あたかもそれが事実であるかのように思い込んでいるだけだと言えるでしょう。

実際に、自分に厳しいと、「ラクな道」があったとしても、わざわざ「厳しい道」を選びます。ラクに達成できる方法があっても、それを選びません。

自分に対して厳しい人は、ラクに達成できる方法が、眉唾に見えてしまいます。困難な道のほうがを自分に馴染んでいるし、体験的にも、厳しい対処方法のほうが慣れているので、どこか安心もするからでしょう。

けれども、本書で述べているように、ポジティブな実感の分量が多ければ、それを土台として、ポジティブなものを選択していきます。そのために、物事に取り組めば成功する確率も高くなります。

反対に、ネガティブな実感の分量が多ければ、それを土台として、ネガティブなものを選択していきます。その結果、失敗する確率が高くなるでしょう。

こんなふうに自分に厳しいと、自己信頼が低くなるだけでなく、人生そのものも、自己信頼の低い厳しい人生となっていきます。

自分を大事に丁寧に扱い、そのときのポジティブな実感の分量が増えれば、それに比例して自己信頼が高くなり、人生そのものも自己信頼の高い人生となっていきます。

自己信頼あるいは自分の価値というものは、あなた自身の〝ポジティブな実感〟によって決まります。またそれは、本書をきっかけとして、自分の未来をも築くことになるのだと、心に刻んでいただきたいものです。

石原加受子

石原 加受子（いしはら・かずこ）
心理カウンセラー。「自分中心心理学」を提唱する心理相談研究所オールイズワン代表。日本カウンセリング学会会員、日本学校メンタルヘルス学会会員、日本ヒーリングリラクセーション協会元理事、厚生労働省認定「健康・生きがいづくり」アドバイザー。「自分を愛し、自分を解放し、もっと楽に生きる」ことを目指す、自分中心心理学を提唱。性格改善、対人関係、親子関係などのセミナー、グループ・ワーク、カウンセリングを30年続け、多くの悩める老若男女にアドバイスを行っている。現在、メルマガ『楽に生きる！ 石原加受子の「自分中心」心理学』を好評配信中。著書は累計100万部超。『もうイヤだー！ 疲れた、全部投げ出したいー！ 心のSOSが聞こえたら読む本』（永岡書店）、『願いが叶う人の「無意識」の習慣』（ぱる出版）など多数。

［オールイズワン］
〒167-0032 東京都杉並区天沼3-1-11 ハイシティ荻窪1F
http://www.allisone-jp.com/

「自己肯定感《じここうていかん》」の高《たか》め方《かた》
～「自分に厳しい人」ほど自分を傷つける～

2018年9月22日 初版発行

著者 石《いし》原《はら》 加《か》受《ず》子《こ》
発行者 常塚嘉明
発行所 株式会社 ぱる出版

〒160-0011 東京都新宿区若葉1-9-16
03(3353)2835 — 代表 03(3353)2826 — FAX
03(3353)3679 — 編集
振替 東京 00100-3-131586
印刷・製本 中央精版印刷(株)

ISBN978-4-8272-1148-1 C0012